PRÉ-SAL
NANDO REIS

NANDO EXPLICANDO A LETRA DA MÚSICA:
YOUTUBE.COM/WATCH?V=YPNEVTC2-AK

NANDO TOCANDO A MÚSICA:
YOUTUBE.COM/WATCH?V=RU-EVDGG6QQ

PRÉ-SAL / 2012

ESPADAS-DE-SÃO-JORGE SEMPRE EM GUARDA VIGIAM
INHAMES MAJESTOSOS DOS NEGROS CAULES QUE BRILHAM
BARRAS DE LINGOTE A CAIXA-FORTE CONTINHA
AS MÃOS DE MINHA AVÓ MOLHADAS COM GLICERINA
SIRVA-SE PRO SORTIMENTO

PIPOCAS ESTOURAVAM NOS PEDAIS DO TRICICLO
O DETETIVE DESVENDAVA UM CRIME HEDIONDO
LAGOSTA ESPATIFADA ATRÁS DO BRANCO BIOMBO
PERIQUITOS VICIADOS EM SEMENTES DE CÂNHAMO
AVES DO PADRE FARIA

SE O MUNDO MYSOLINE EVITASSE CONVULSÃO
NA MESA O EPELIN LISTRADO 2 PABLO FORLÁN
A ESTÁTUA DO JARDIM GUEDALA UM SEPULTADO ANÃO
NA TELHA HEXAGONAL SEM GRAÇA O GUARANÁ
GUARDA EM SEGREDO A DISTRAÇÃO

DESBARRANCADAS MARGENS PARTE O LÁZARO, O ZINHO
FITAS DEMARCAVAM RUBRAS TARDES DE VÔLEI
O CENTENÁRIO PEREZ CAMINHAVA SOZINHO
STROMBUS PUGILIS DE RÓSEOS LÁBIOS
VÊM BANHADOS PELA ESPUMA DA AREIA

SUBIR NUM JACARÉ DO CEDRO E OLHAR FORTALEZA
SUMIU A ILHA DO MAR VIRADO E JUNTO AS CERTEZAS
ÁCIDO DOURADO A PEDRA ME LAGARTEIA
NA REDE O PICARÉ ESTRELAS-DO-MAR NO CÉU
DESPONTA A DALVA DE OLIVEIRA

MONSIEUR PERDONCINI DERDIC EM NICE A TAL MINHA MÃE
MAH-JONG TOTOPOLY A LOUÇA LINDA PINTADA À MÃO
EM RANCHARIA A ORÍSIA ENSINA O SACI A TER PÉ NO CHÃO
TITUCA NAVAL, CIVIL O MEU PAI, ATALIBA SEM POLI
PORÉM GENERAL

SAPATO ZAGAT COM CADARÇO SE USA SEM MEIA
AGAVES ESPETADOS OS BRAÇOS PARDOS DA NEIVA
SANDÁLIAS HAVAIANAS AZUL-CLARO SEREIAS
NOS ELEFANTES DOIS MARFINS
DE MAMÍFERA BELEZA

MAMONAS ASSASSINAS COM MAMILOS POLÊMICOS
A LÚCIA ELUCIDA UM ENUNCIADO TOTÊMICO
PETRÓLEO DOS PRIMÓRDIOS NOSSA TERRA FOI FEITA
O ASFALTO FONOAUDIÓLOGO O EPISÓDIO NEUROLÓGICO
A TERRAPLENAGEM PERFEITA

ENFIM, CHEGUEI AO FIM, TODO FINAL É UMA EXAUSTÃO
TIM-TIM POR TIM-TIM, POIS DO TINTIM EU SOU UM GRANDE FÃ
SUMI, EU SEI QUE EM BETIM NÃO FUI VISITAR MINHA IRMÃ
CRER EM CRISTO NÃO É O MEU SIGNO DE FÉ
EU ME VIRO, DOU RÉ E SIGO EM FRENTE

MERGULHANDO DE OLHOS ABERTOS
EUCANAÃ FERRAZ
7

CADERNO PRÉ-SAL FAC-SÍMILE
NANDO REIS
12

MERGULHANDO DE OLHOS ABERTOS
EUCANAÃ FERRAZ

(…) pertenço à raça daqueles que mergulham de olhos abertos
e reconhecem o abismo pedra a pedra anémona a anémona flor a flor
— Sophia de Mello Breyner Andresen

1.

No início era a música. "Pré-Sal" era uma canção. Depois veio o caderno.

Ouço, leio, vejo: estou diante de uma autobiografia aos pedaços. Ou, ainda, de um autorretrato constituído por pedaços de um pedaço de autobiografia aos pedaços. Nando Reis recompôs parte de sua vida – sua infância e juventude – recolhendo fragmentos de memória, movido por uma atenção (esse estado investigativo da sensibilidade) mais vertical do que horizontal. Explico: a paisagem avistada reivindicava mais um mergulho do que uma caminhada.

Assim, o título – "Pré-Sal" – propõe que se veja a memória como região na qual o mergulho profundo encontrará como matéria viva e visível aquilo que parecia para sempre perdido no tempo e no espaço. Sabemos que o termo é uma definição geológica que designa o que está abaixo do sal. Seria, *grosso modo*, um depósito de matéria orgânica que se teria acumulado ao longo de milhões de anos. A origem desse depósito está ligada à deriva dos continentes e à formação do Atlântico Sul, na separação entre a América do Sul e a África. Nando Reis toma a expressão para si e empresta-lhe força metafórica: o mergulho é uma ida desarmada aos espaços intangíveis que a memória ergue e simultaneamente arruína como paisagem que surge pelo poder da evocação. Evocar: chamar, convocar, trazer de volta.

Para o ouvinte/leitor, a letra da canção é uma sequência de enigmas. A impressão geral é perturbadora. Nada parece fazer sentido. Tudo é excesso e acúmulo: de cenas, nomes, objetos, personagens, acontecimentos que aparentam não ter ligações entre si e surgem em sequência ininterrupta, sem nenhuma pausa para o silêncio ou o vazio. O que descola do fundo da memória é um mundo vivo que parece nascer por mecanismo próprio, de forças autônomas e movimento livre. Transcrevo, como exemplo, a terceira estrofe da canção: "Se o mundo Mysoline evitasse convulsão/ Na mesa o Epelin listrado dois Pablo Forlán/ A estátua do Jardim Guedala um sepultar do anão/ Na telha hexagonal sem graça o guaraná/ Guarda em segredo a distração". O que nos diz tal sequência de imagens? Diz o que diz. Não podemos atravessá-la em direção a um sentido que tudo harmonizasse. Concluímos que, lá no fundo mais fundo, o descolamento do que segue inscrito na memória, sem limites de tempo-espaço, cria um contínuo deslocamento de sentido.

O passado ressurge e embaraça todos os tempos; tudo se torna, desnorteante, um agora. O que era distante volta a ser íntimo. O que parecia morto vibra outra vez, e o corpo, íntimo, responde. O ritmo é acelerado, incessante; e, se é repetitivo em seu pulso, variadíssimas são as imagens. Toda a longa canção nasce, assim, do mergulho, da perfuração.

Nando Reis propõe uma experiência poética singular: levar-nos a seu pré-sal para vivermos o desconhecido. Para ele – o criador –, mergulhar é encontrar sua história pessoal, projetada nos cacos de um espelho estilhaçado. Tudo o que vê está ligado a ele por uma série de afeições – do trauma à mais perfeita harmonia, da dor ao júbilo. Tudo é reconhecível para o autor-mergulhador. Mas, para nós, ao contrário, toda a experiência se dá pela visão transtornada de imagens que nos são exteriores e parecem projetadas sobre superfícies opacas: não se deixam atravessar pela luz, ou, ainda, não se dão à leitura que espera o reconhecimento (como olhar-se no espelho); superfícies opacas: turvas também porque desordenadas, confusas.

Os fragmentos irrompem do fundo como um álbum de memórias – despedaçado. Tudo nos parece inapelavelmente enigmático: "Pipocas estouravam nos pedais do triciclo/ O detetive desvendava um crime hediondo/ Lagosta espatifada atrás do branco biombo/ Periquitos viciados em sementes de cânhamo/ Aves do Padre Faria". O hermetismo dos versos propõe que a fruição (leitura) seja um ato de não compreensão. O prazer não está no repouso do entendimento. Nando Reis quer nos dar a alegria da deriva, da trajetória livre, próxima do sonho, do delírio. O fascínio de "Pré-Sal" está, portanto, em sua natureza de *nonsense*. Parece, afinal, uma escrita disparatada, um acúmulo incoerente e atraente.

Lado a lado, sem nenhuma hierarquia, irrompem da natureza espadas-de-são-jorge, inhames, caules, agaves, periquitos, aves, sementes de cânhamo, cedro, elefantes, mar, pedra, espuma, areia, estrelas-do-mar, lagosta e um *Strombus pugilis*; do mundo industrial vêm barras de Lingote, sapato Zagat, sandálias Havaianas, guaraná, Mamonas Assassinas, Tintim, Mysoline, Epelin. Despontam personagens que tanto podem ser familiares e íntimos, como avó, pai, irmã, Lázaro, Zinho, Perez, Ataliba e Lúcia, quanto trazidos à vivência pela força coletiva, como Dalva de Oliveira e Cristo.

Mas o que semelha um caos nasce de uma escrita ordenada e construída. O sinal mais flagrante de uma ordem é a regularidade da composição, constituída por nove estrofes de cinco versos. Também há um desenvolvimento que deve ser observado: a primeira estrofe apresenta um personagem, a avó, que sinaliza de imediato para uma certa origem e sugere o retorno à infância. A sequência se conclui com o seguinte verso: "Sirva-se pro sortimento". "Sirva-se" era o nome de um supermercado, mas, na letra, funciona como um convite para o ouvinte-leitor: a partir dali será servido um "sortimento" de imagens-memórias. Do mesmo modo, a última estrofe vale como remate, no qual repercute o esgotamento do sujeito: "Enfim, cheguei ao fim, todo final é uma exaustão". A canção exibe, portanto, uma abertura, um desenrolar e um fecho; o que parecia apenas deriva é também percurso, ordem: mergulhar, visitar o fundo, voltar à tona.

"Pré-Sal" é a música que abre o disco *Sei*, de 2012. Em seu canal no YouTube, Nando Reis afirma que talvez seja a sua canção mais autobiográfica. A evocação da infância e da juventude poderia vir na forma suave de uma balada que reconstituísse um romântico paraíso perdido. No entanto, o mergulho vem na forma intensa de um rock em que guitarras, baixo, bateria fundem-se com o canto rascante e tudo cria uma atmosfera impetuosa, absorvente.

2.

O caderno – iniciado, aproximadamente, dois anos depois da canção – é um retorno: novo mergulho; outro equipamento. As imagens, antes construídas por palavras, voltam em figurações visuais.

Não se trata, porém, de uma tradução plástica dos versos a fim de explicá-los. Soma-se agora, ao que era escrita, um novo "sortimento" de imagens, tão enigmáticas ou secretas quanto as anteriores.

Em páginas de 10 × 15 cm, Nando Reis desenhou, colou, pintou; usou caneta hidrográfica, nanquim, grafite, *crayon*, lápis de cera, lápis aquarela, guache, Ecoline, além de papéis e fotografias.

Colorido intenso, traços rápidos, espontâneos, expressivos, quase nervosos às vezes, mas também delicadezas, finuras, composições elaboradas, jogos de escalas e perspectivas, experimentações tipográficas.

Uma plasticidade, digamos, rock-and-roll.

Eis o pré-sal. Mais abaixo do mais profundo, no descanso ativo das coisas abissais. No oceano ou no corpo do sujeito, zona que se foi criando autonomamente, secreta e viva; zona pré; região de dificílimo acesso, sem dúvida, lá onde desordenados pedaços, cacos, fios, estilhaços sem fim criam novas ordens, combinações imprevistas, aproximações desconcertantes, esquisitices, absurdos, choques intensos, elos ilógicos. O criador será, para Nando Reis, aquele que procura e atiça o que na memória subsiste obscuro, ambíguo, velado. Criar será o mesmo que mergulhar – de olhos abertos.

PRÉ-SAL

I

Espadas de São Jorge sempre em
guarda vigiam

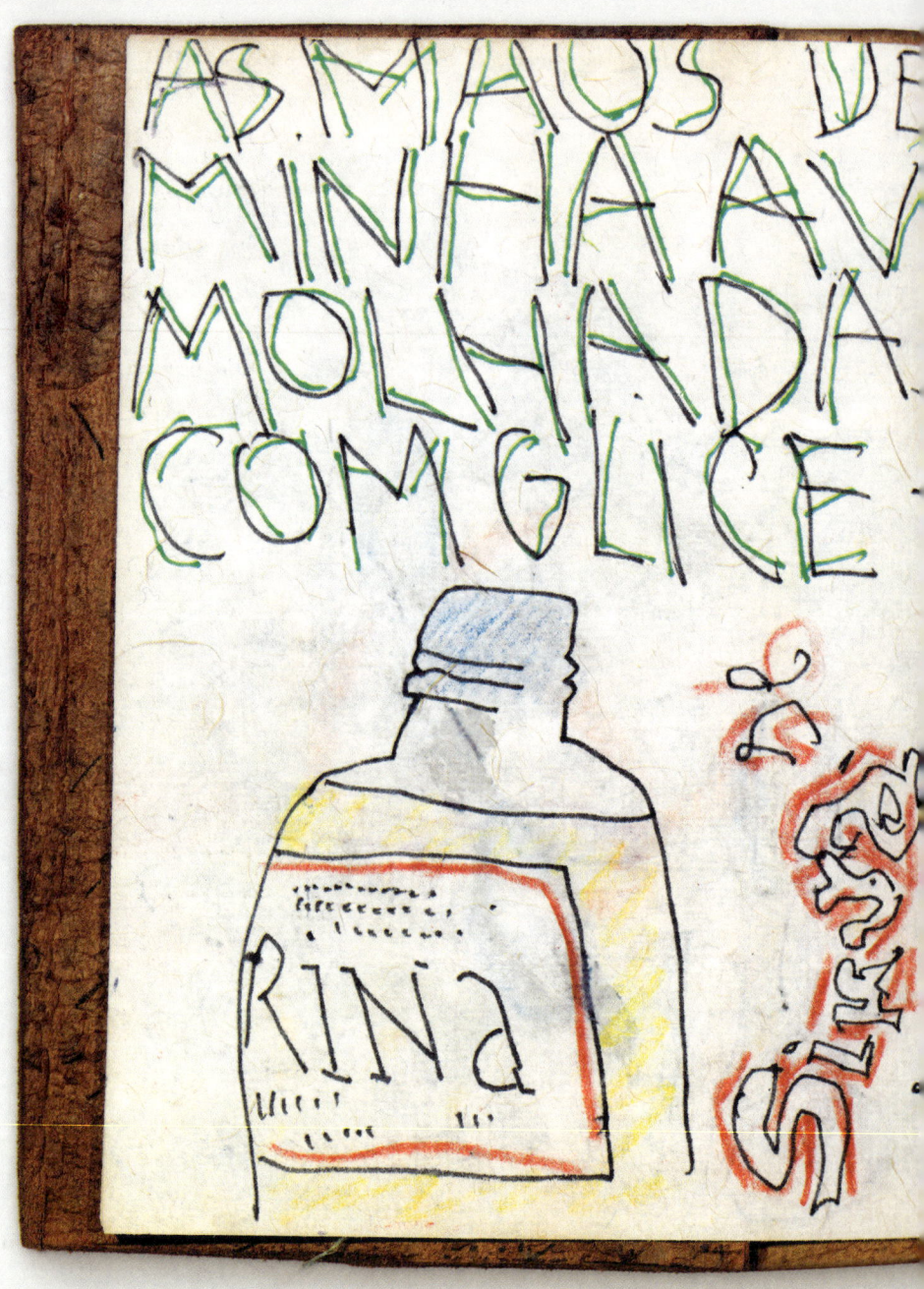

II

Pipocas estouravam nos pedais do triciclo

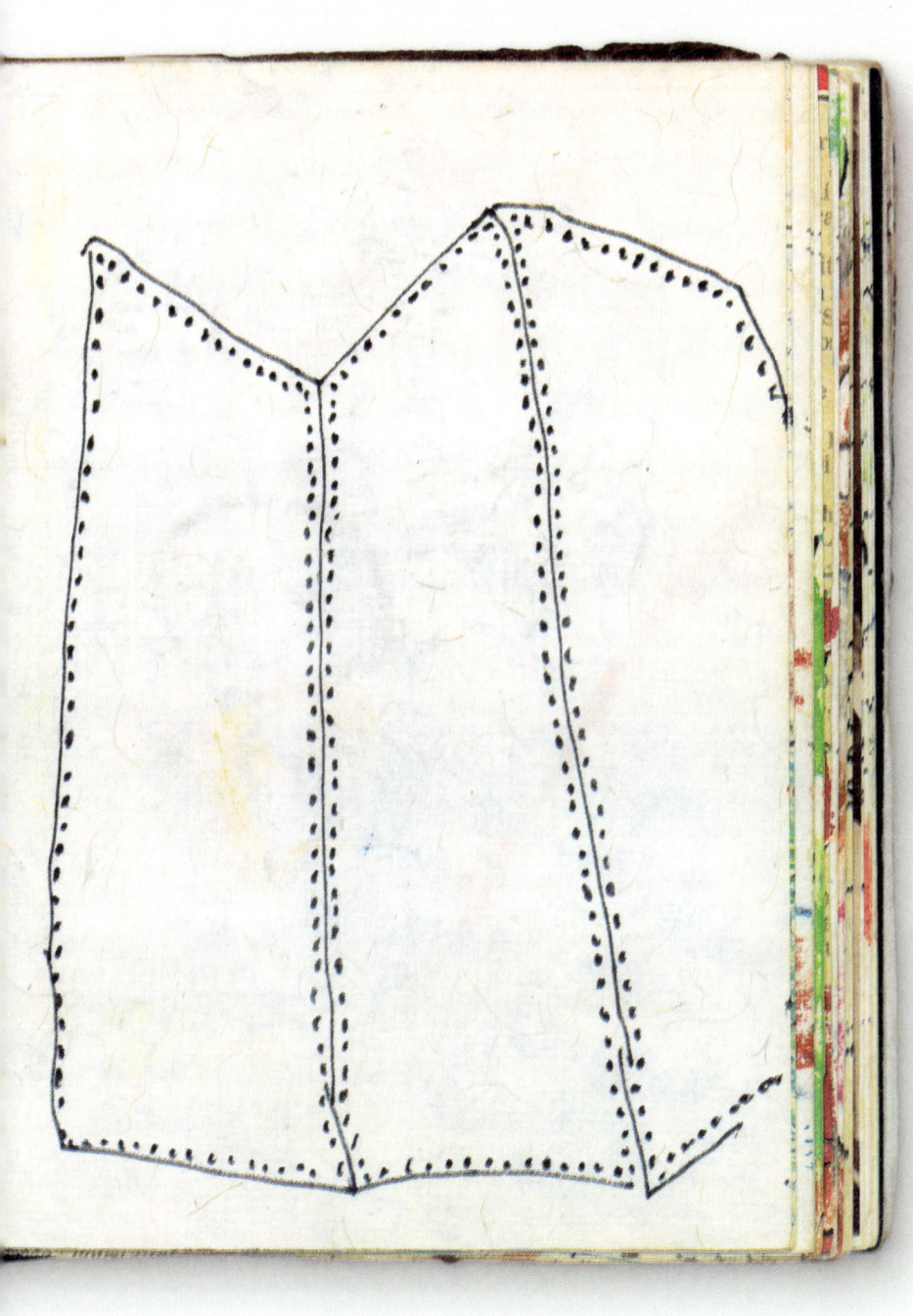

Lagosta
espatifada
atrás
do

EM SEMENTES DE CÂNHAMO

aves do Padre Faria

François Duvalier,
nou o Haiti de 1957

nalista, radialista, produtor e apresentador de televisão.

Adolf Hitler (1889-1945), líder nazista que governou a Alemanha de 1933 a 1945.

Borba Gato (1628-1718), bandeirante.

Newton Cruz, 63, general da reserva, ex-comandante militar do Planalto e ex-chefe da Agência Central do SNI.

Ser, empresário carioca do setor imário.

Idi Amin governou
da durantté 1979,
foi depo

Plínio Co

pensador
Plínio
dor e li
Brasileira

Benito
fascista it
durante a

Harry S
sidente do

Aiatolá
mano que
1979.

Ronald
EUA, elei
198

Mark Ch
tle John L

EVITASSE
MYSULINE

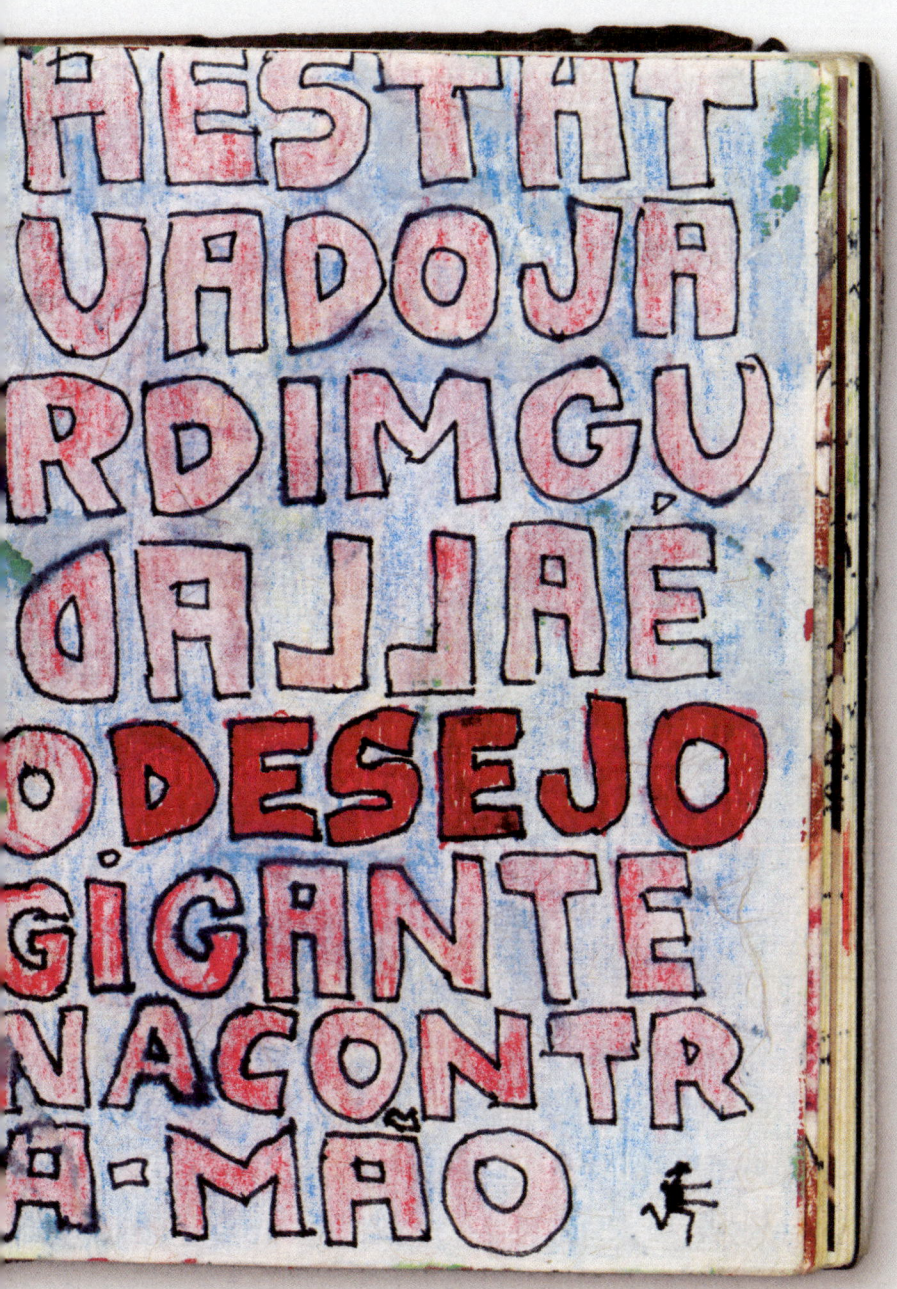

giravam
demarcavam
rubras de
voley
TROEZ
A

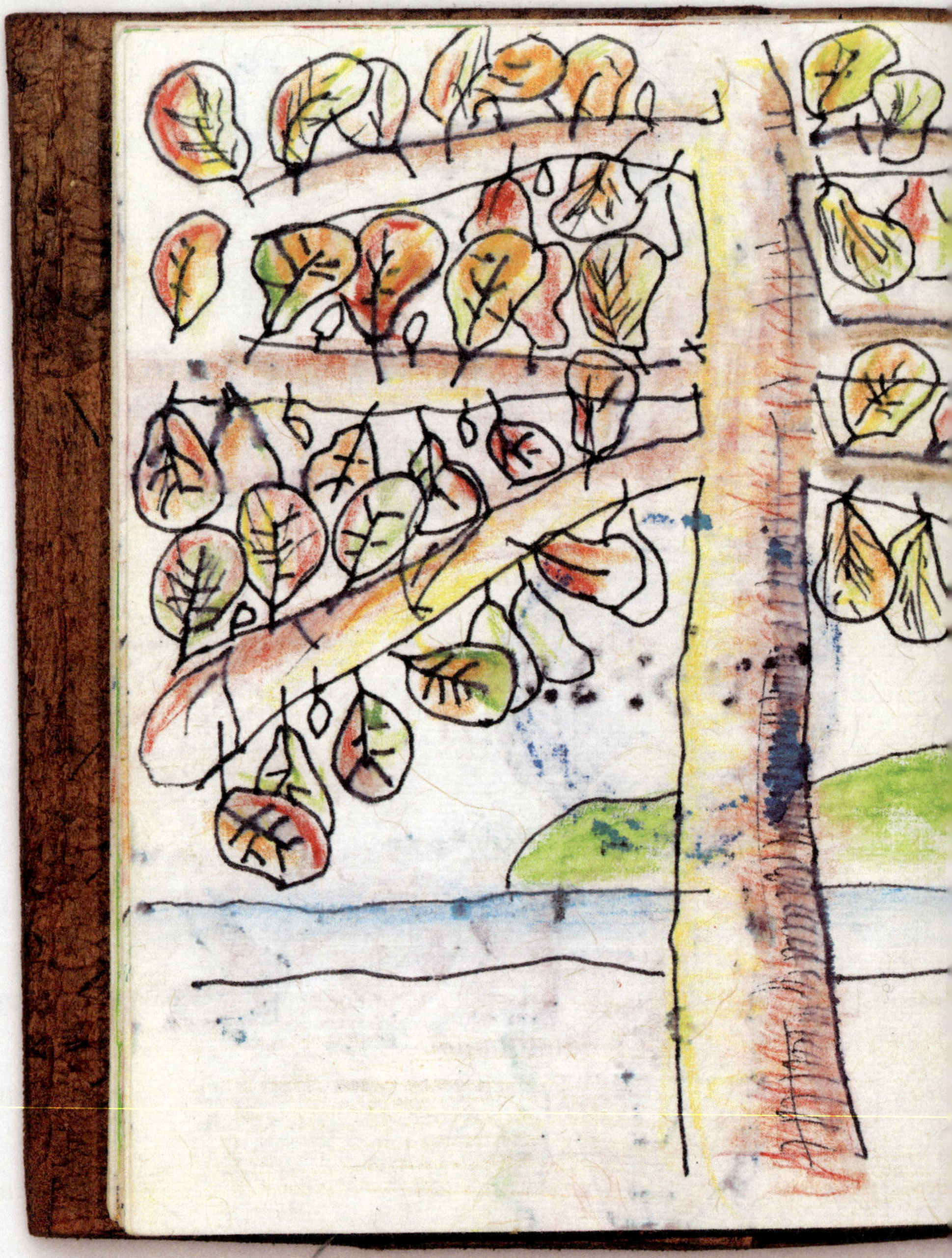

O centenario Peres caminhava sozinho

STROM
PUGILL
DE ROS
LÁBIOS
BANHADO
ESPUMA

BUS
IS
OS
VEM
S
DA

Strombus pugilis pugilis

PELA

AREIA

13 de Maio de 2012, um domingo. Ajuntou-se ao terceiro do meu calendário, por coincidência ser o Dia das Mães. Na minha folhinha poucas datas de fato merecem comemoração. Os aniversários, sem dúvidas, regentes. Hoje, Sebastião completa dezessete anos. É uma tristeza ela não estar presente no almoço lá em casa. É uma tristeza meu filho não ter conhecido ela. É uma tristeza não poder vê-los juntos. É uma tristeza porque um e outro me complementam, se desconhecendo. Ele, que não pode ver minha mãe. Ela que me ensinou como entender que o mundo é TAL

(Página necessária e explicativa para dar BÃO sentido à narrativa vigilosa que os adjetivos do próximo verso detêm.)

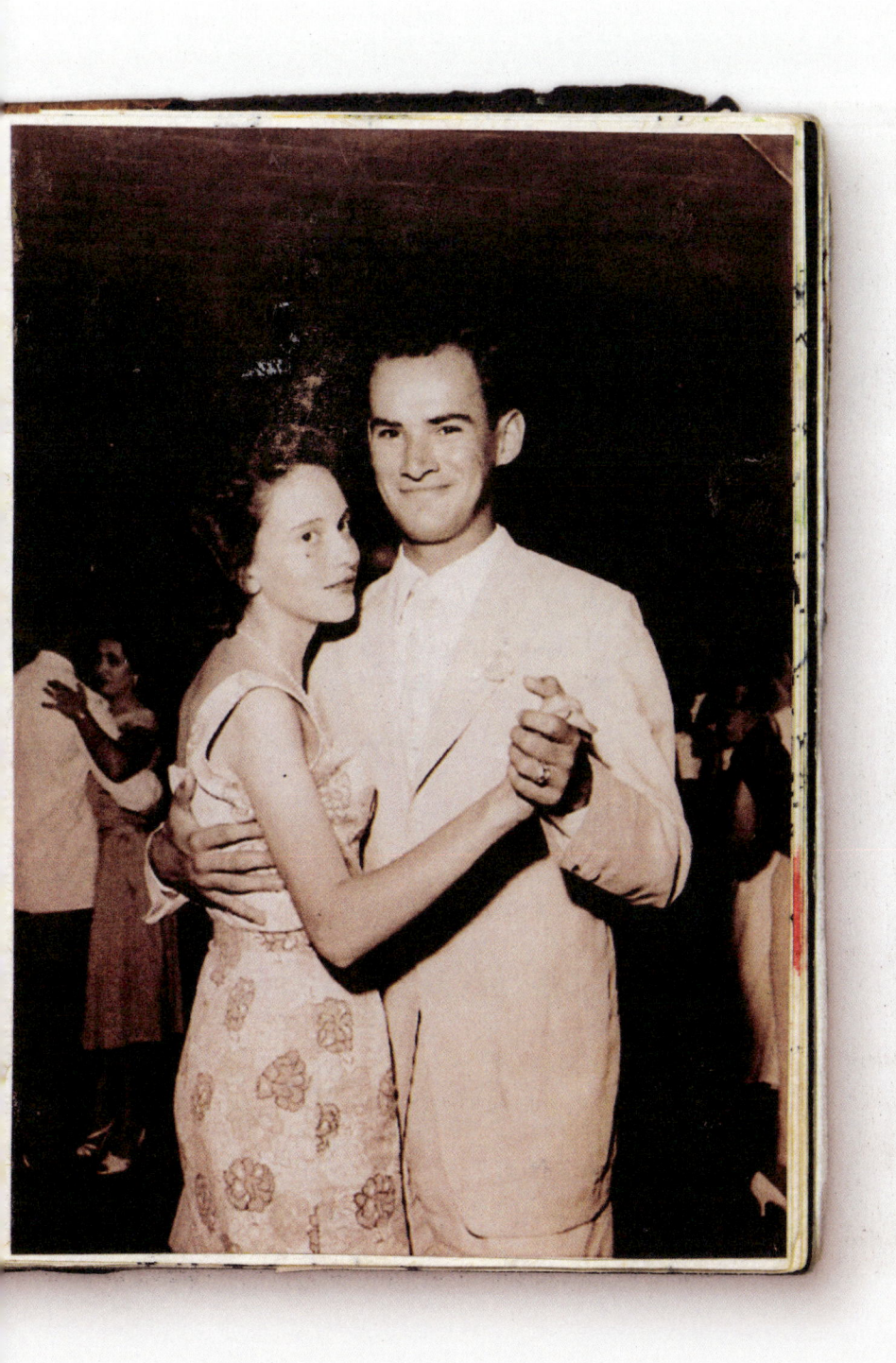

"MAH-JON[G]"
BY
"JACKPOT"

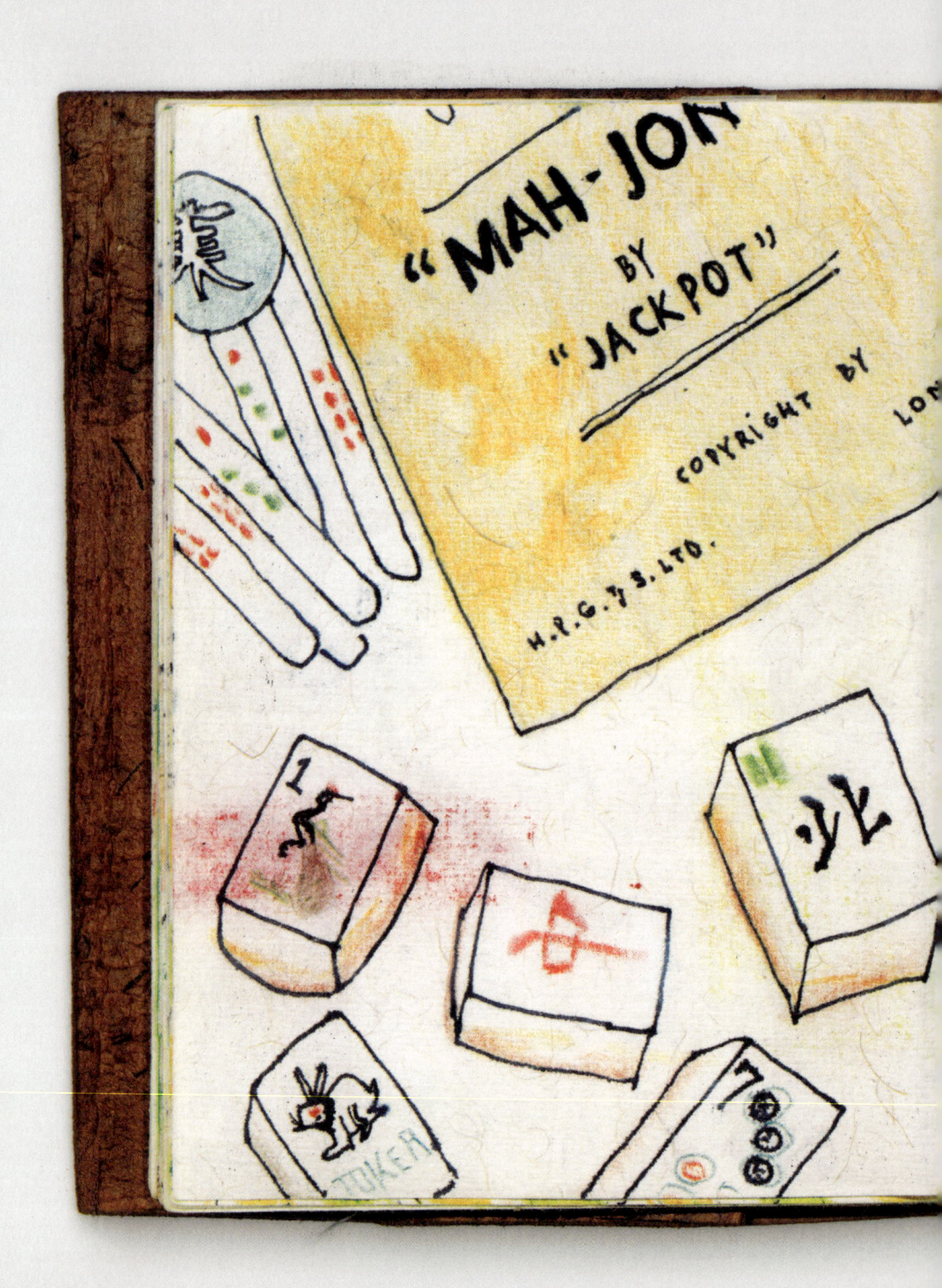

COPYRIGHT BY
H.P.G. & S. LTD.
LON[DON]

STEVEDON STABLES

LEASE
LEONIDAS II
£45

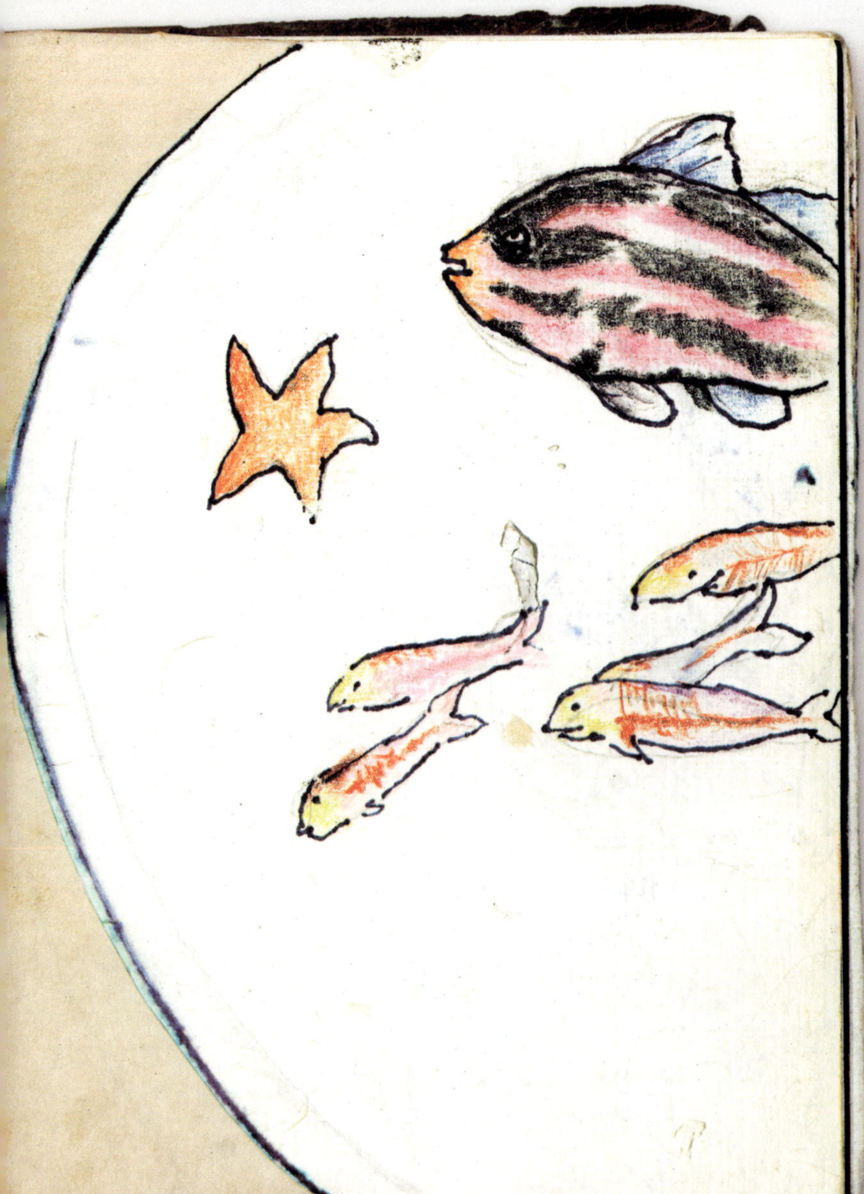

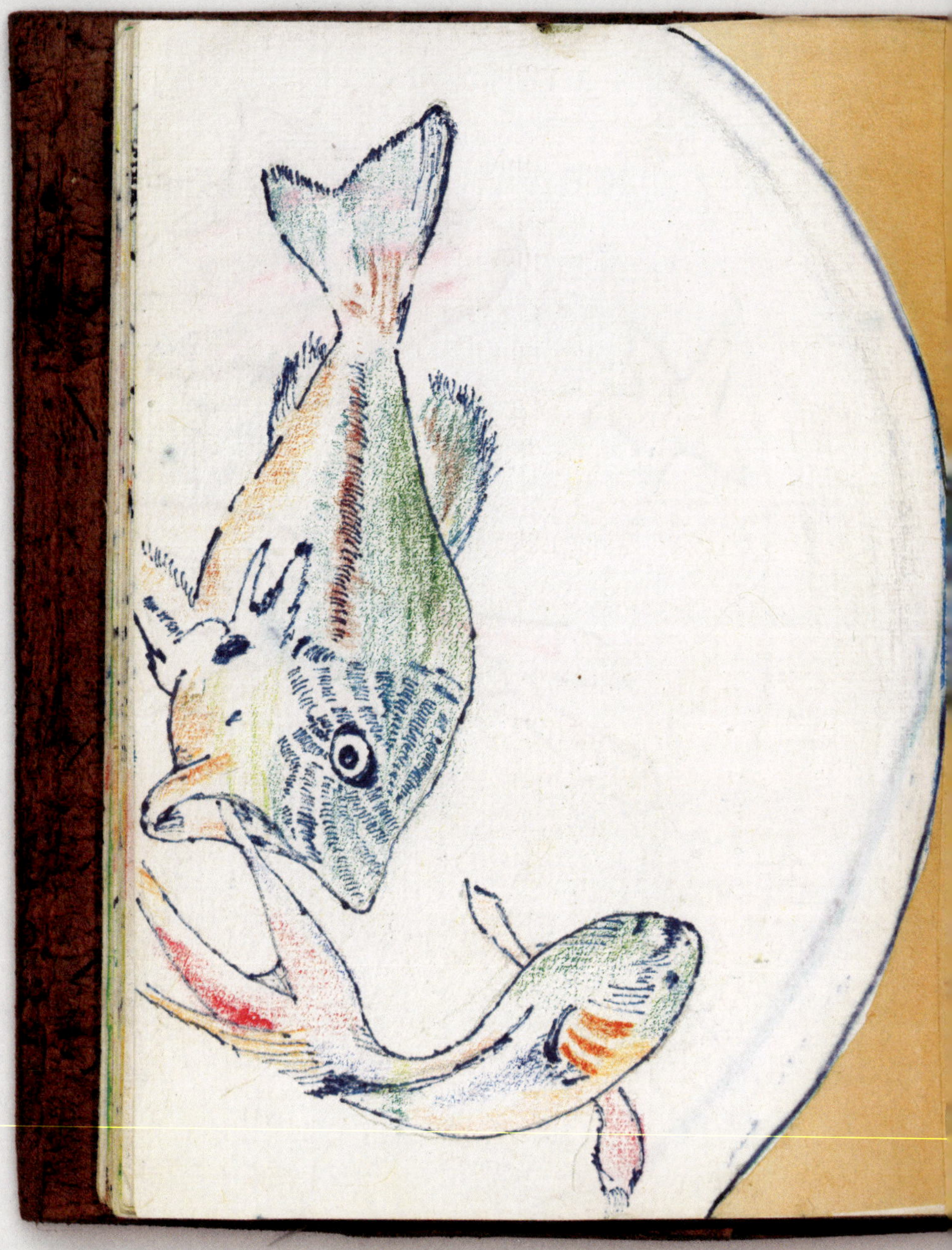

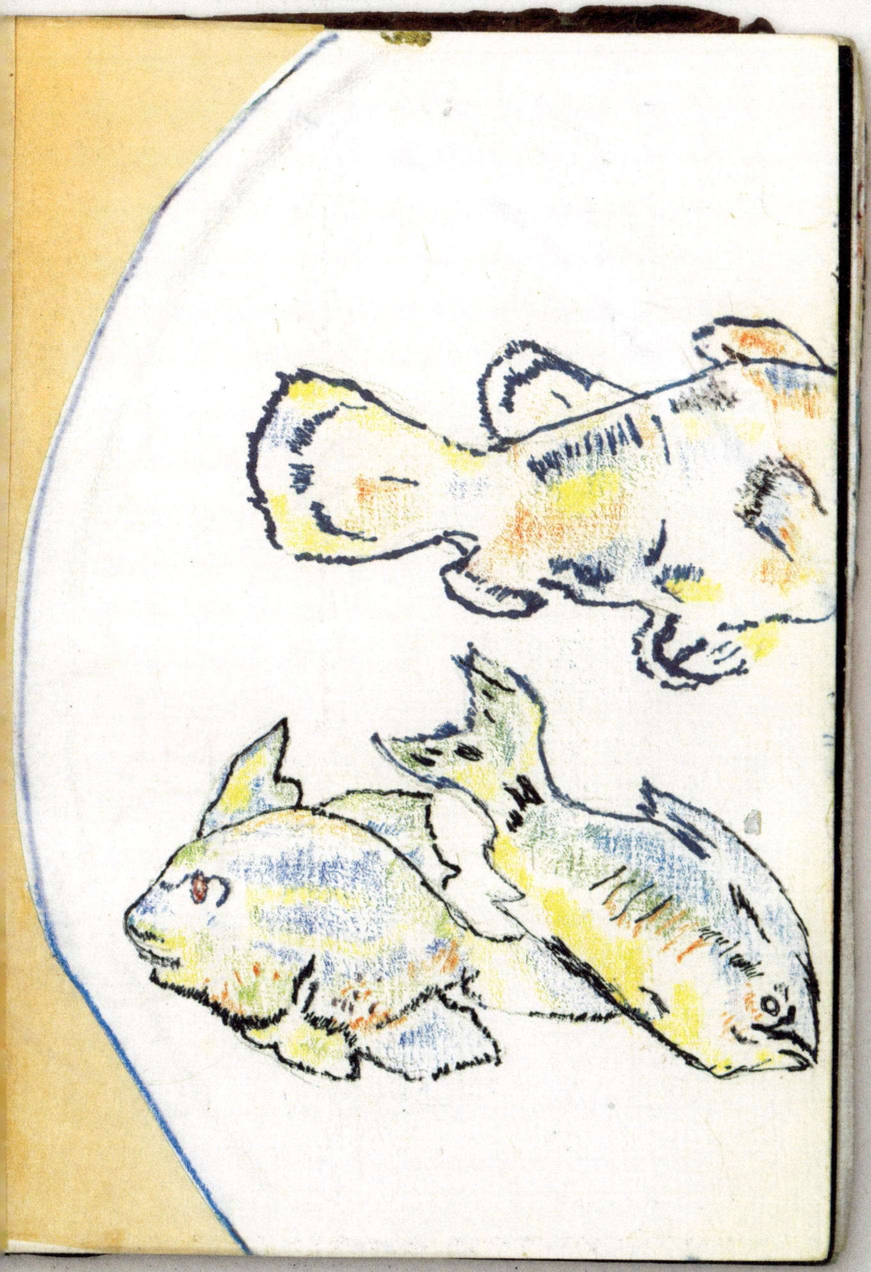

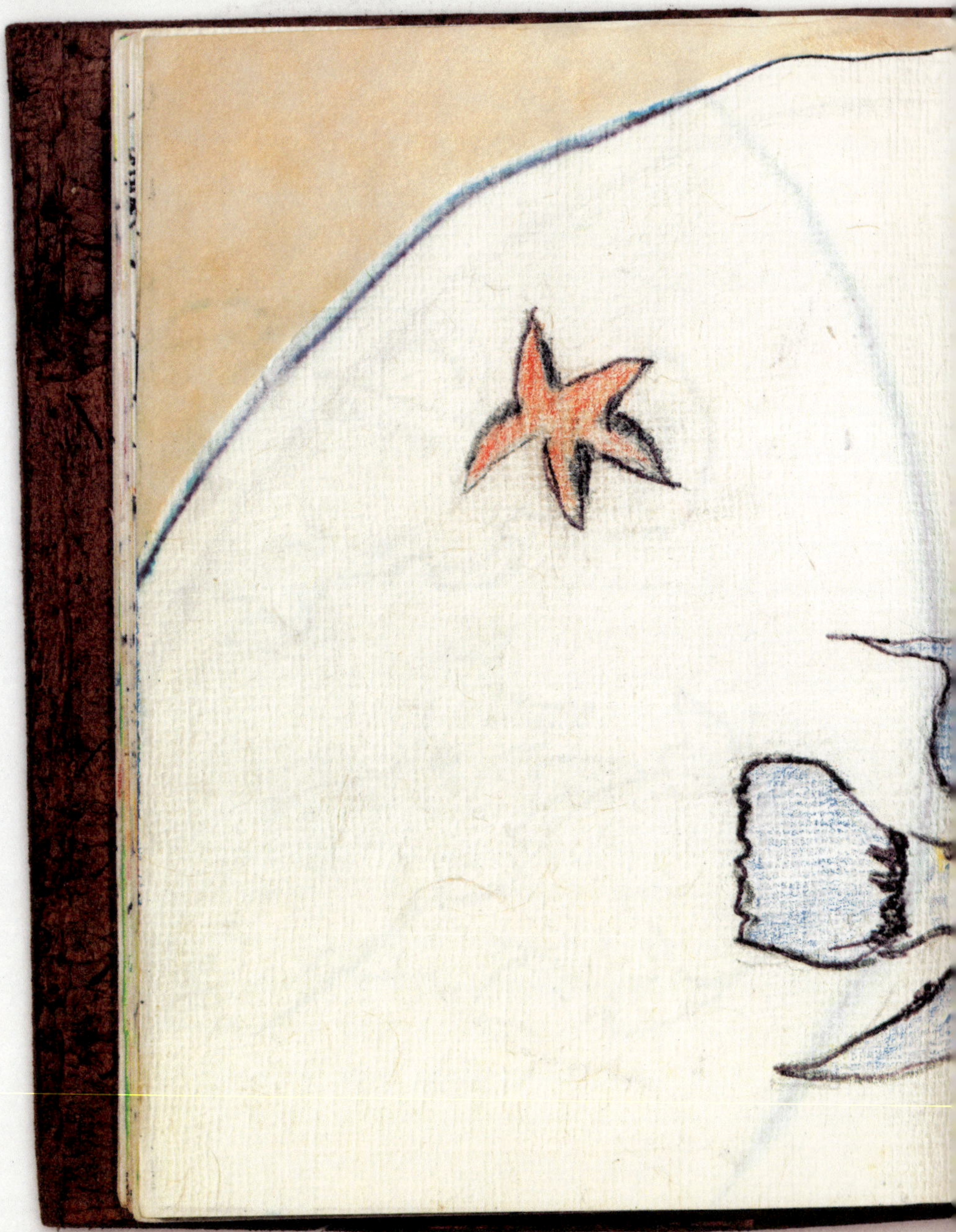

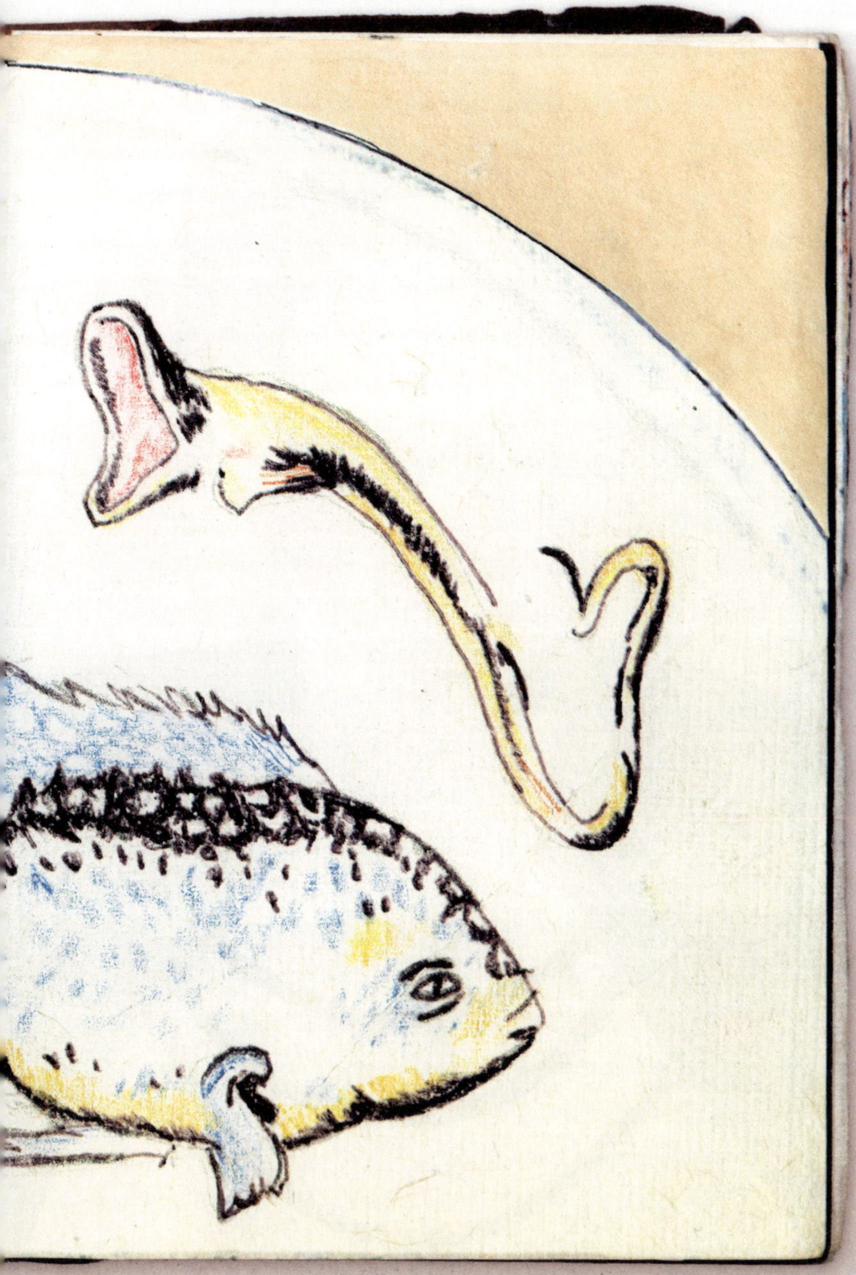

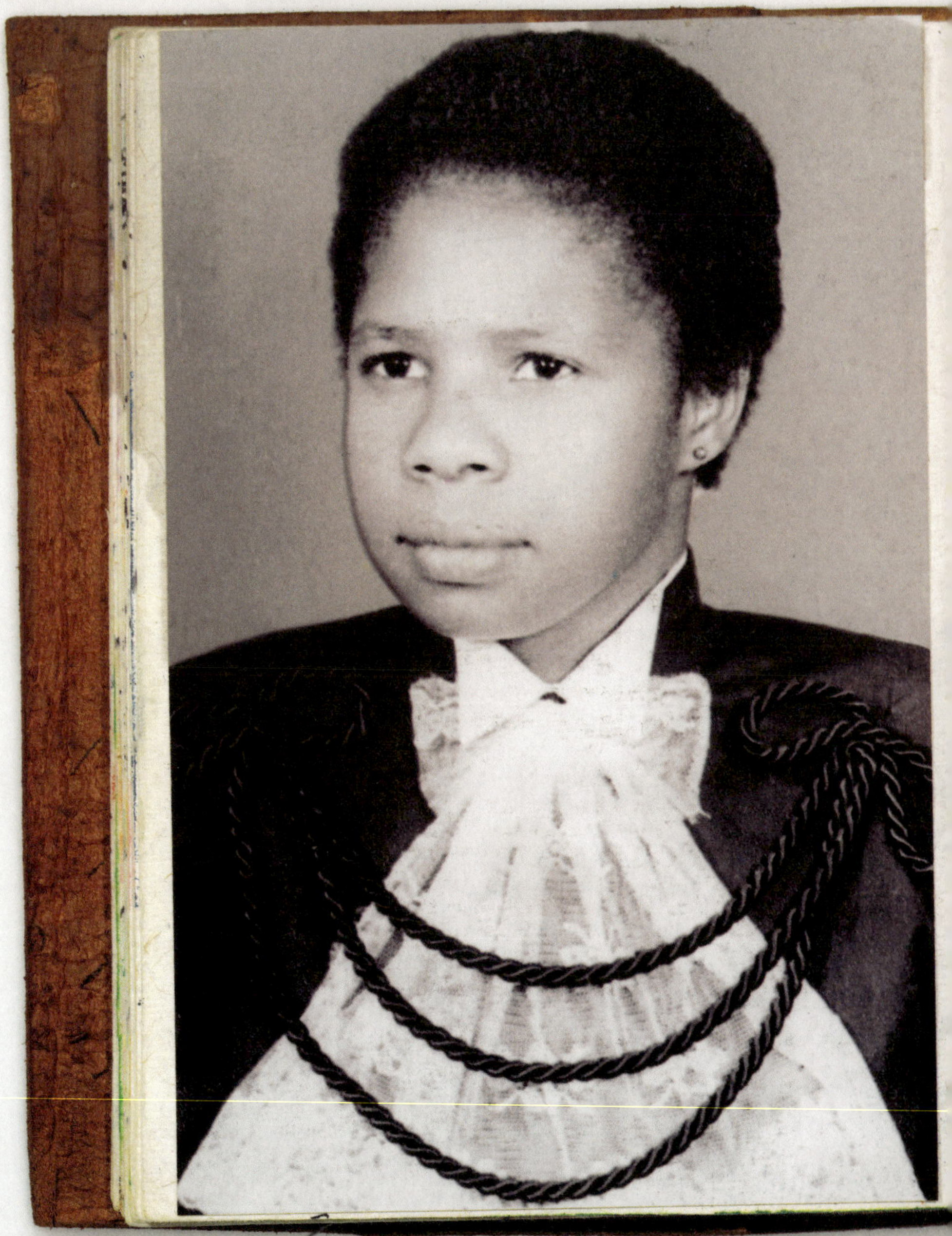

POLI

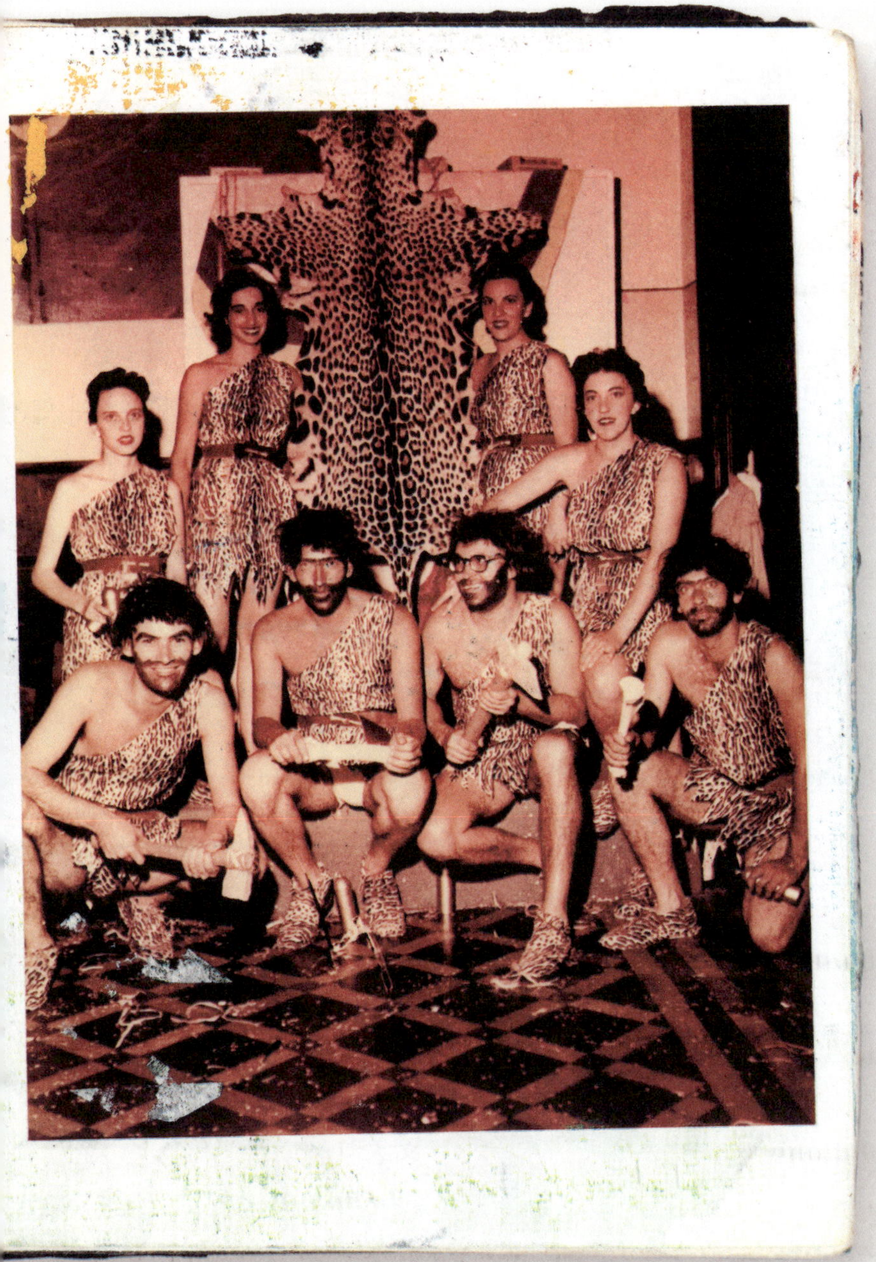

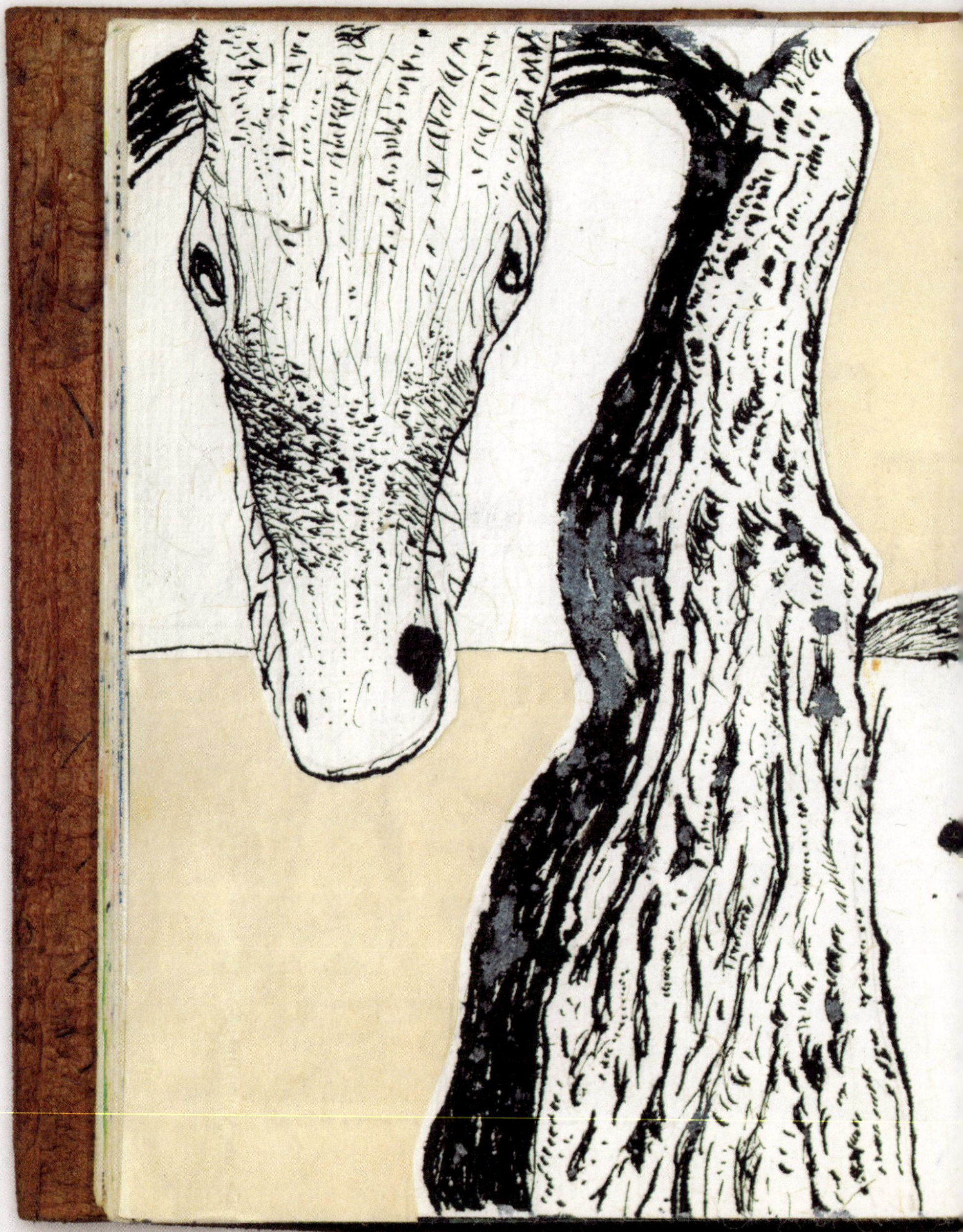

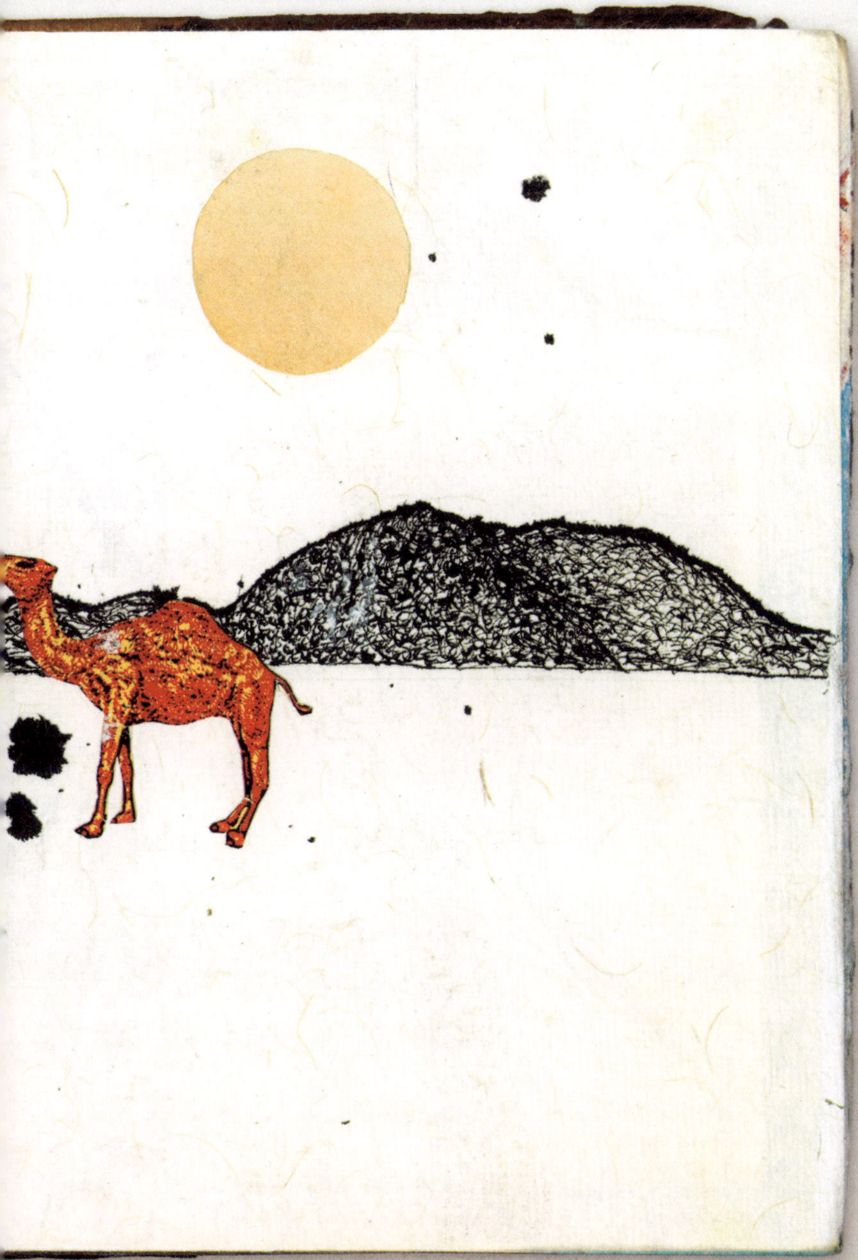

ACIDO DORADO A PEDRO DE LA GARTEJA

NAREDE

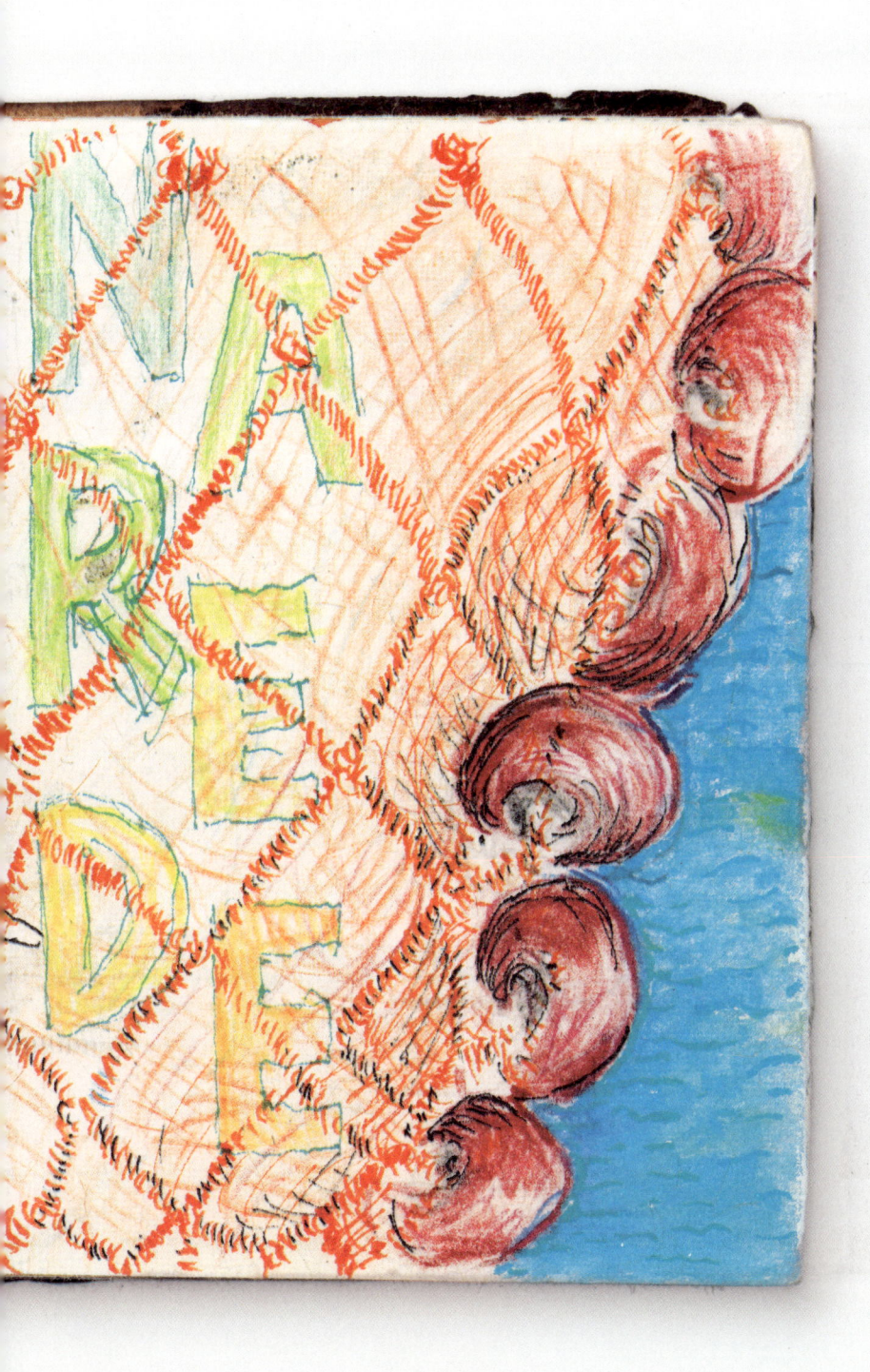

estrelas do mar no céu

desponta a Dalva de Oliveira

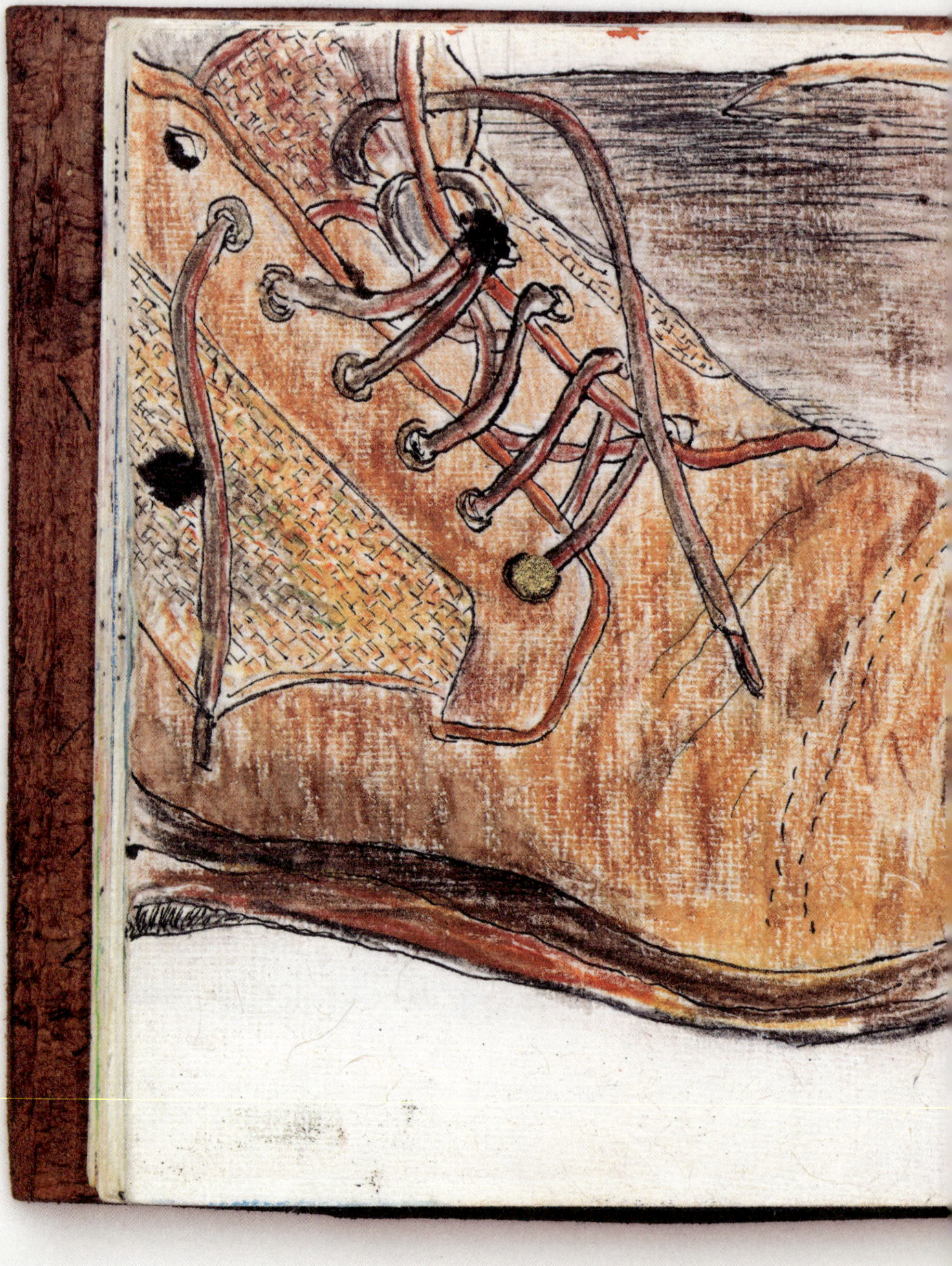

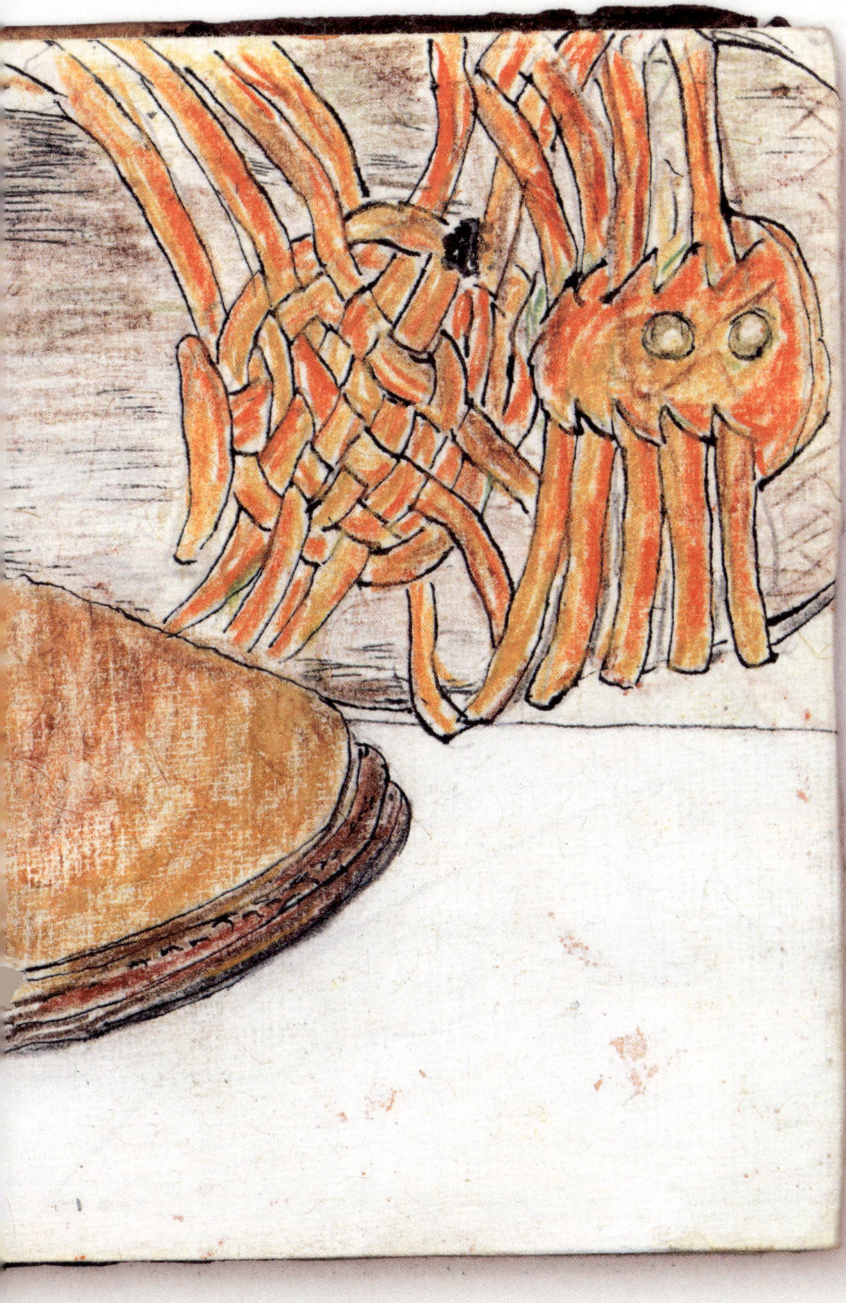

agaves e bra pa da

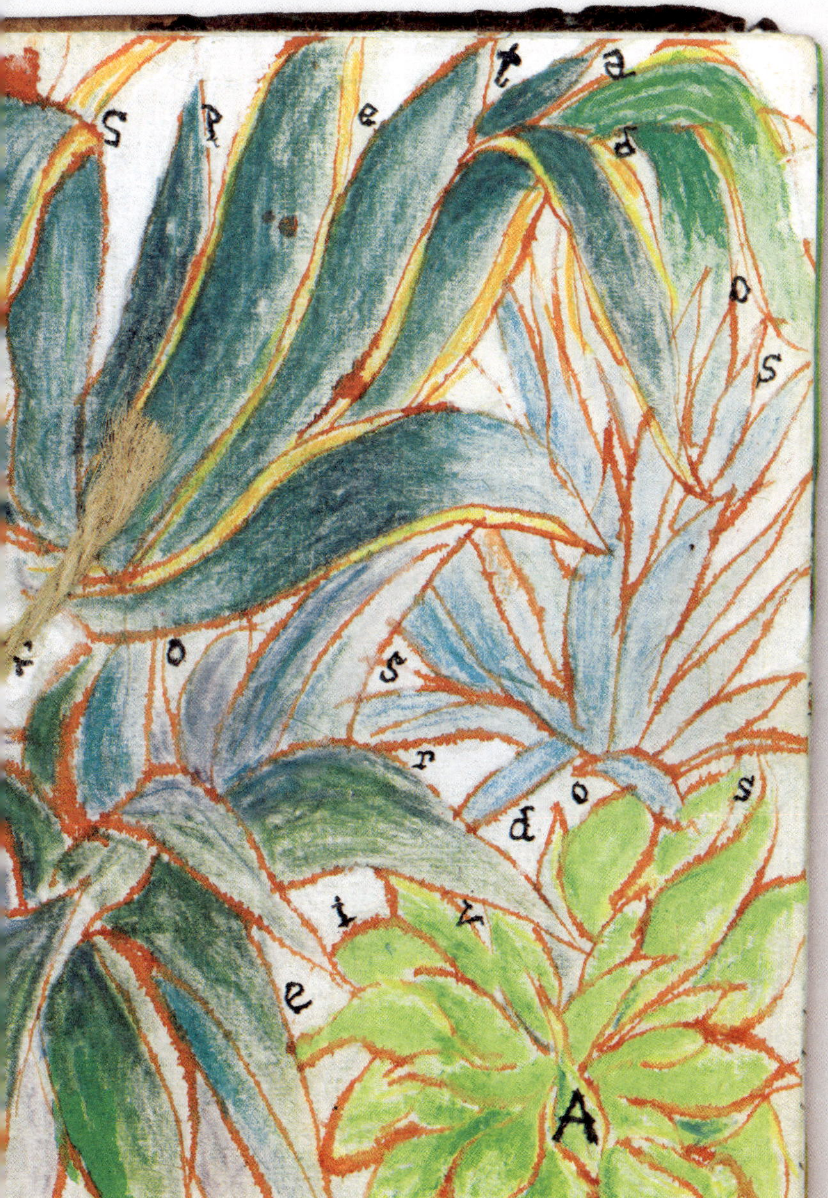

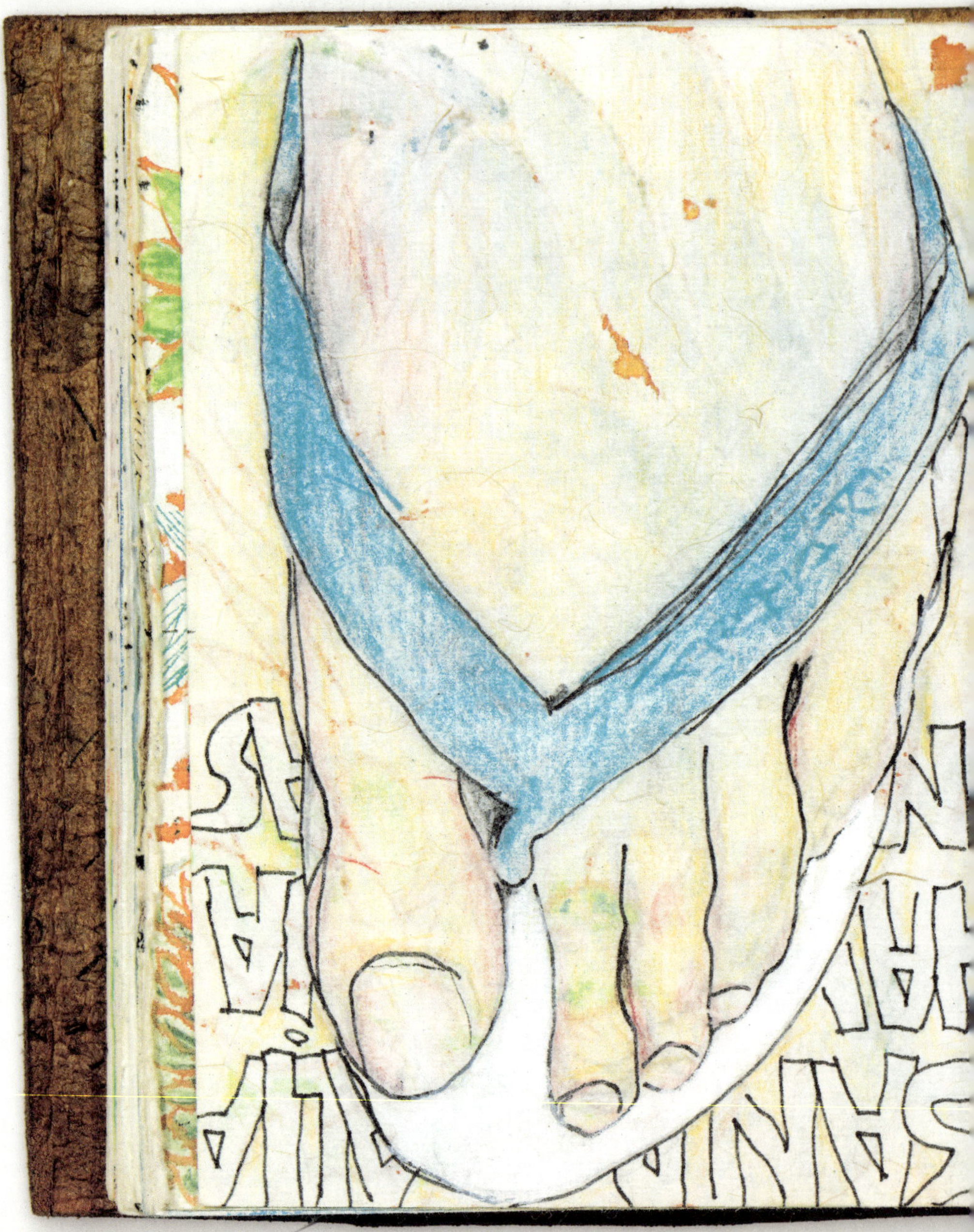

ZUL
ARC

SEREIAS

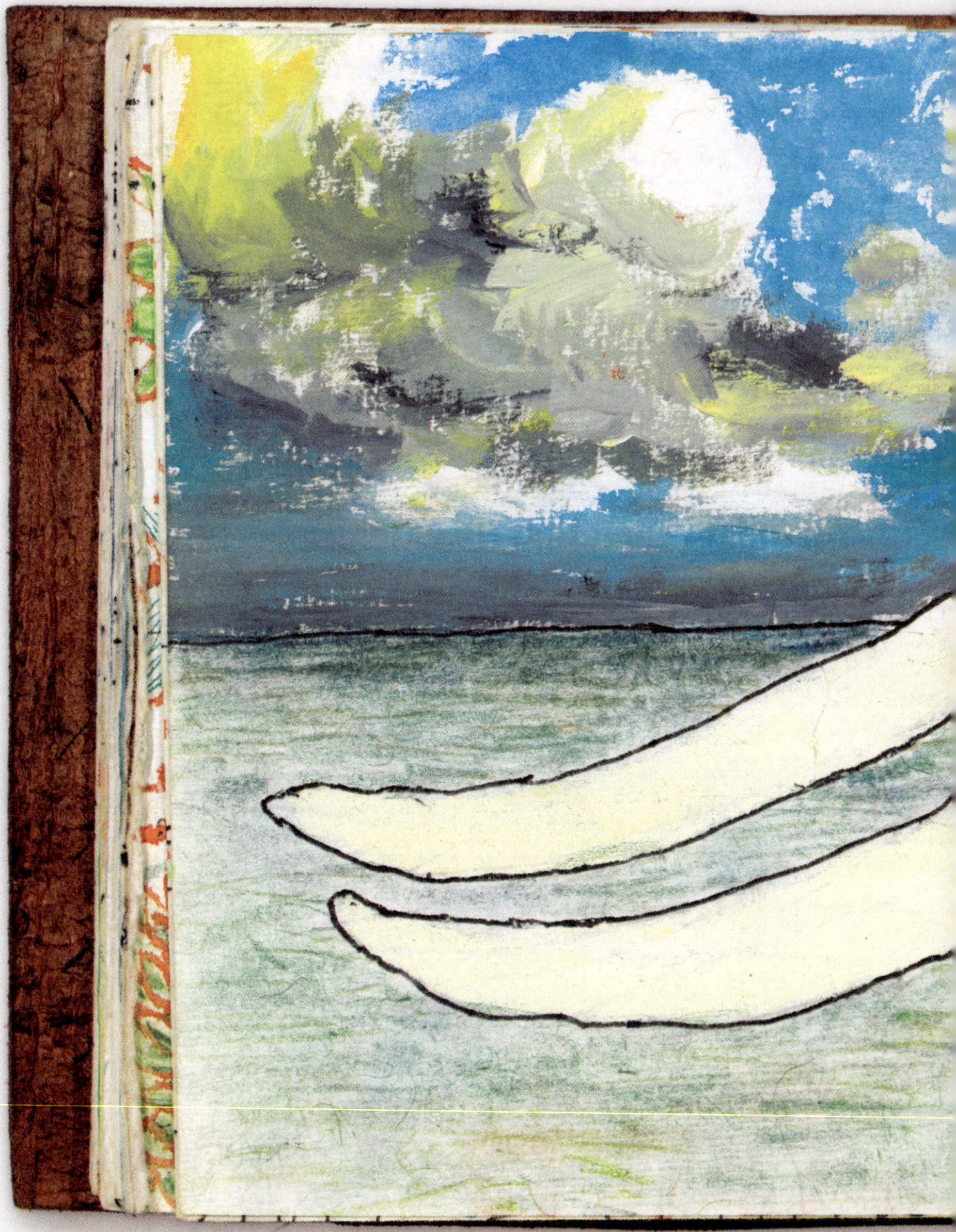

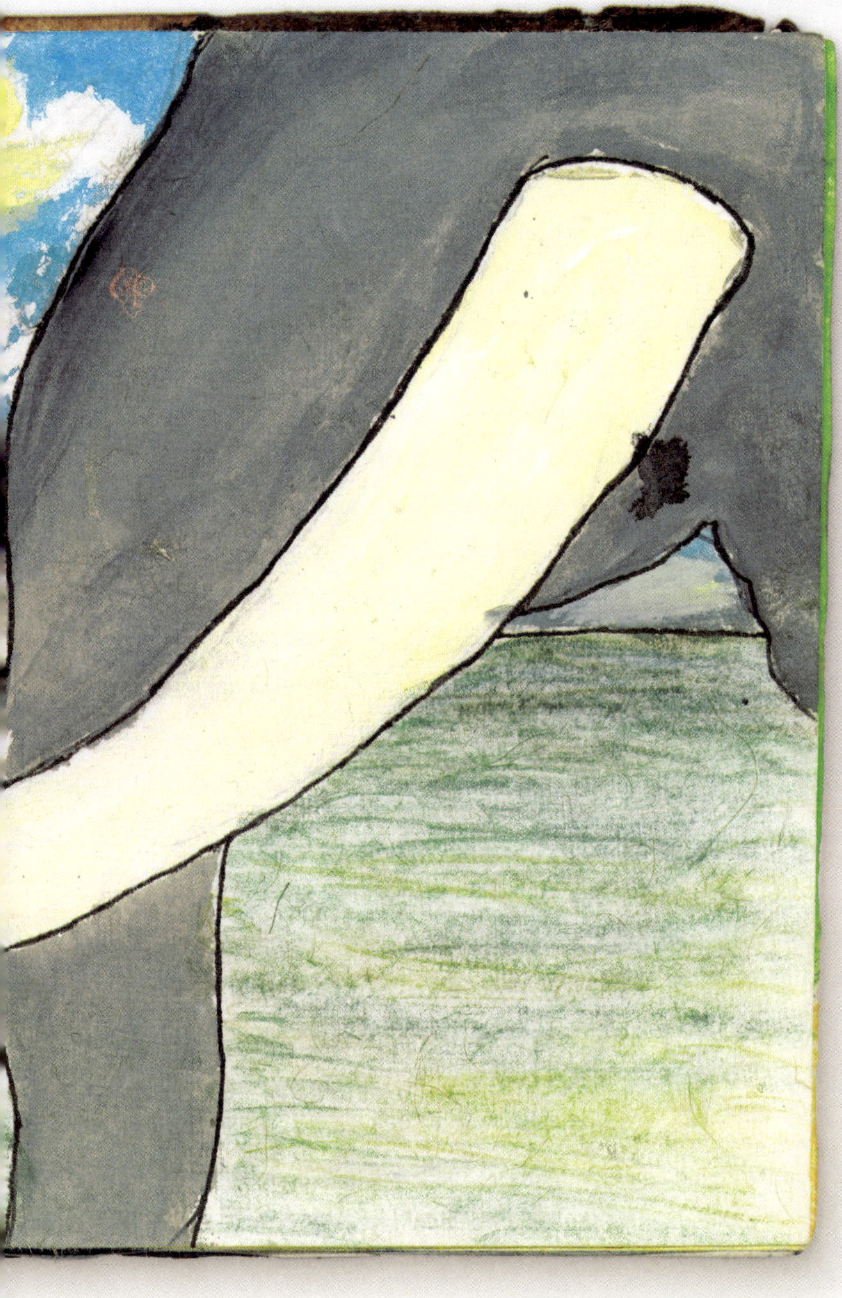

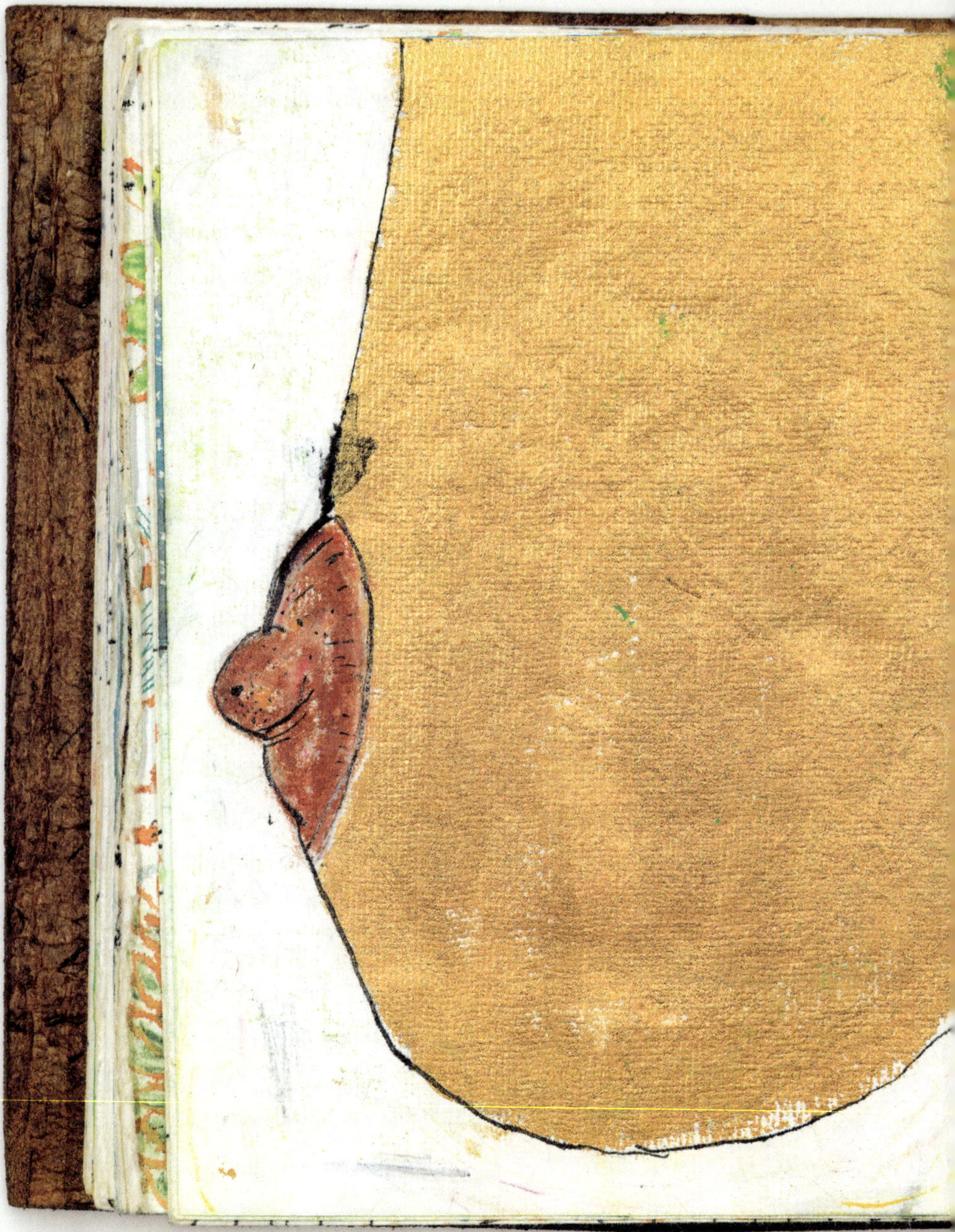

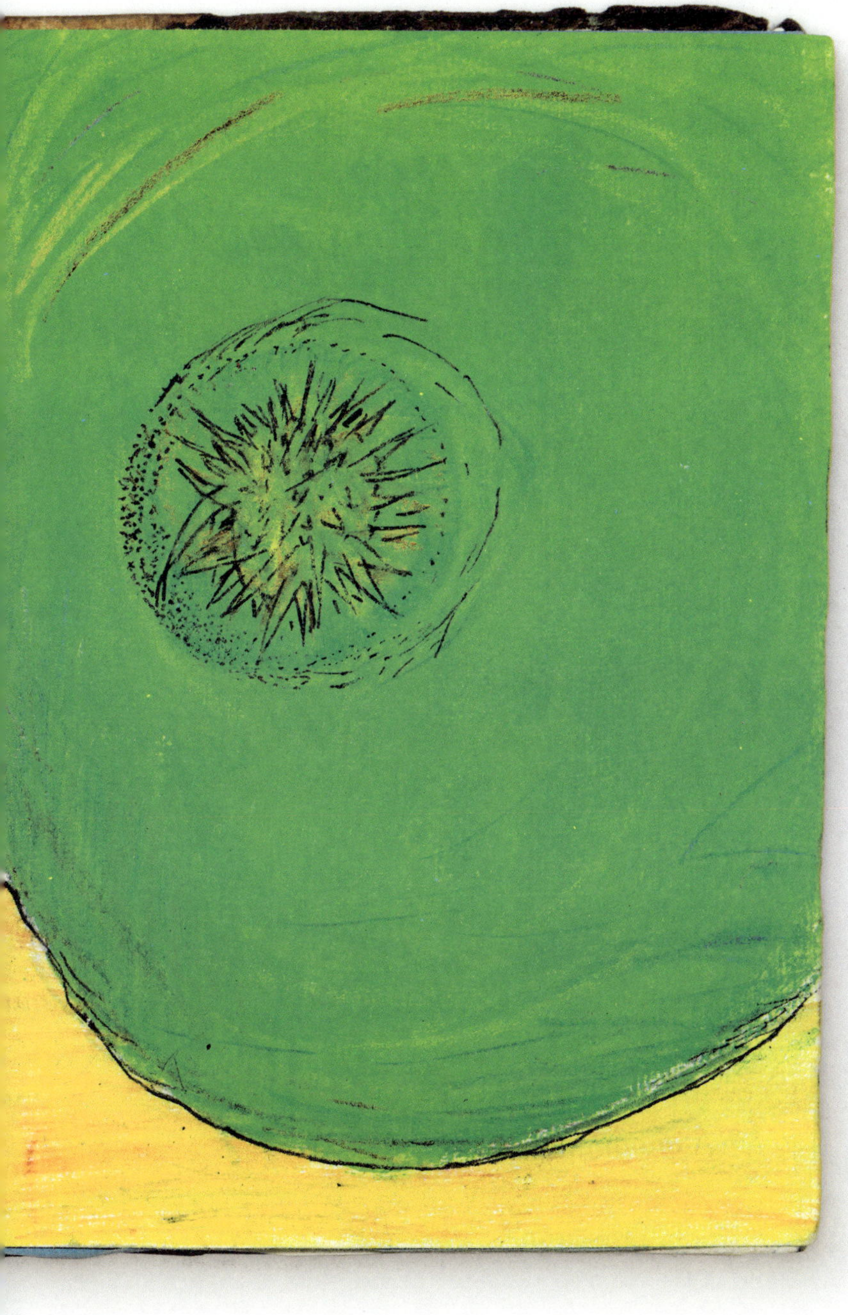

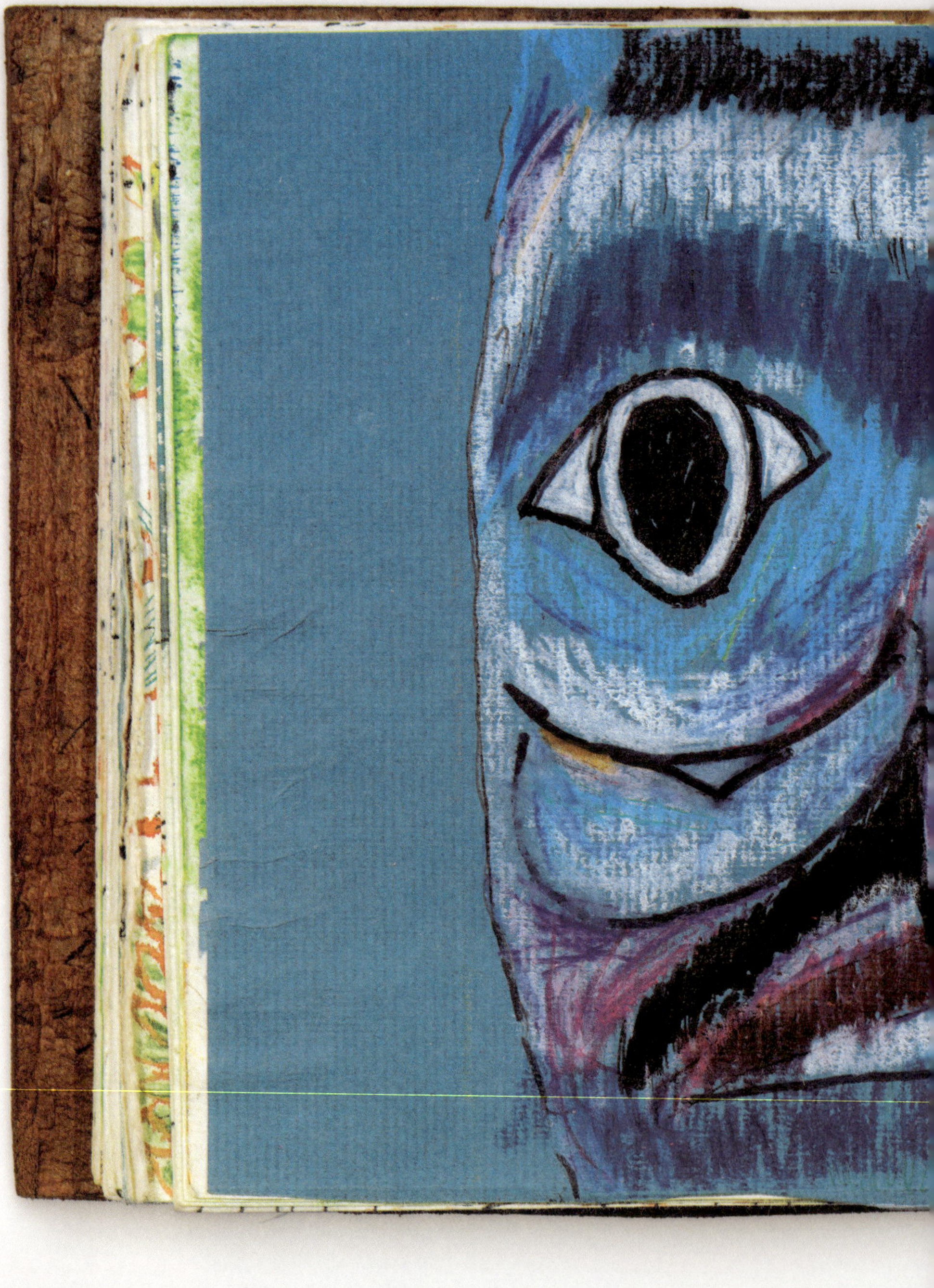

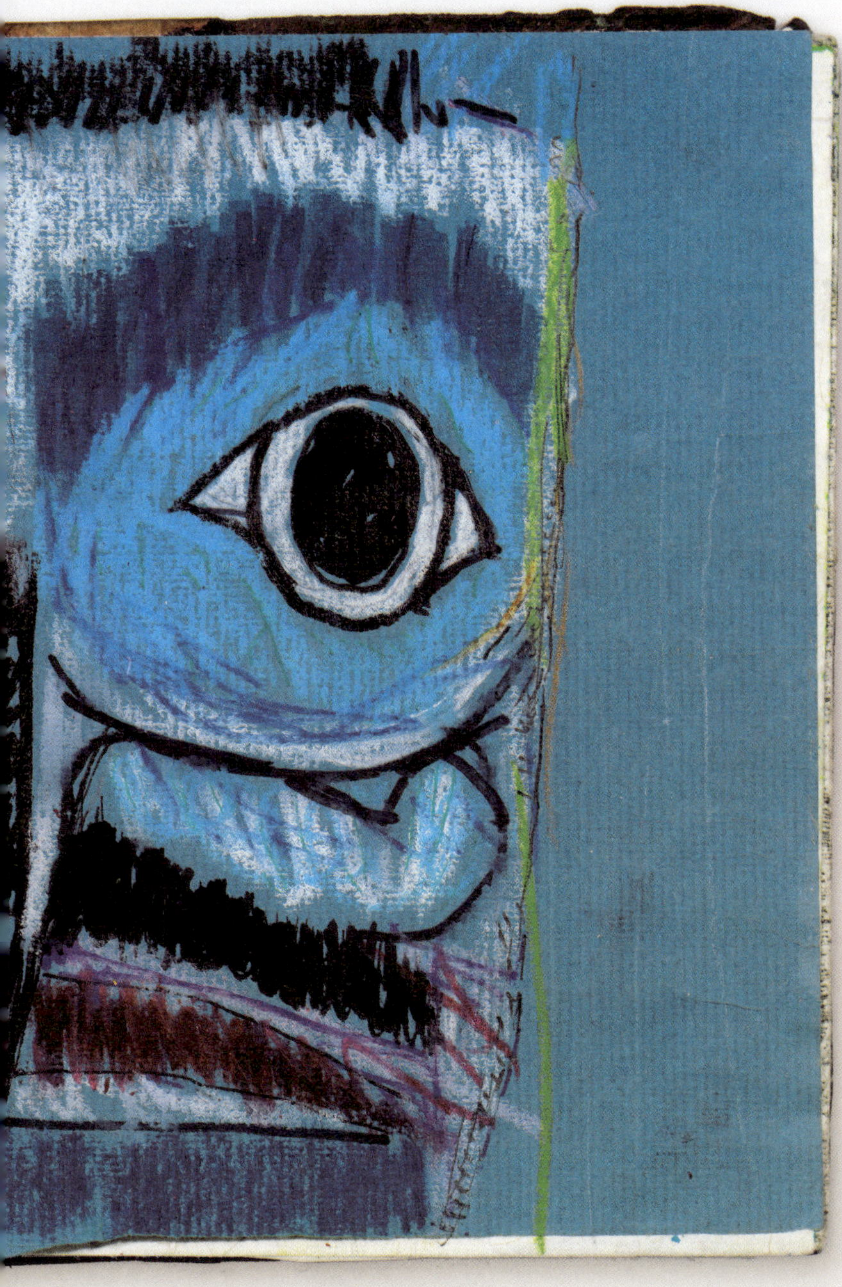

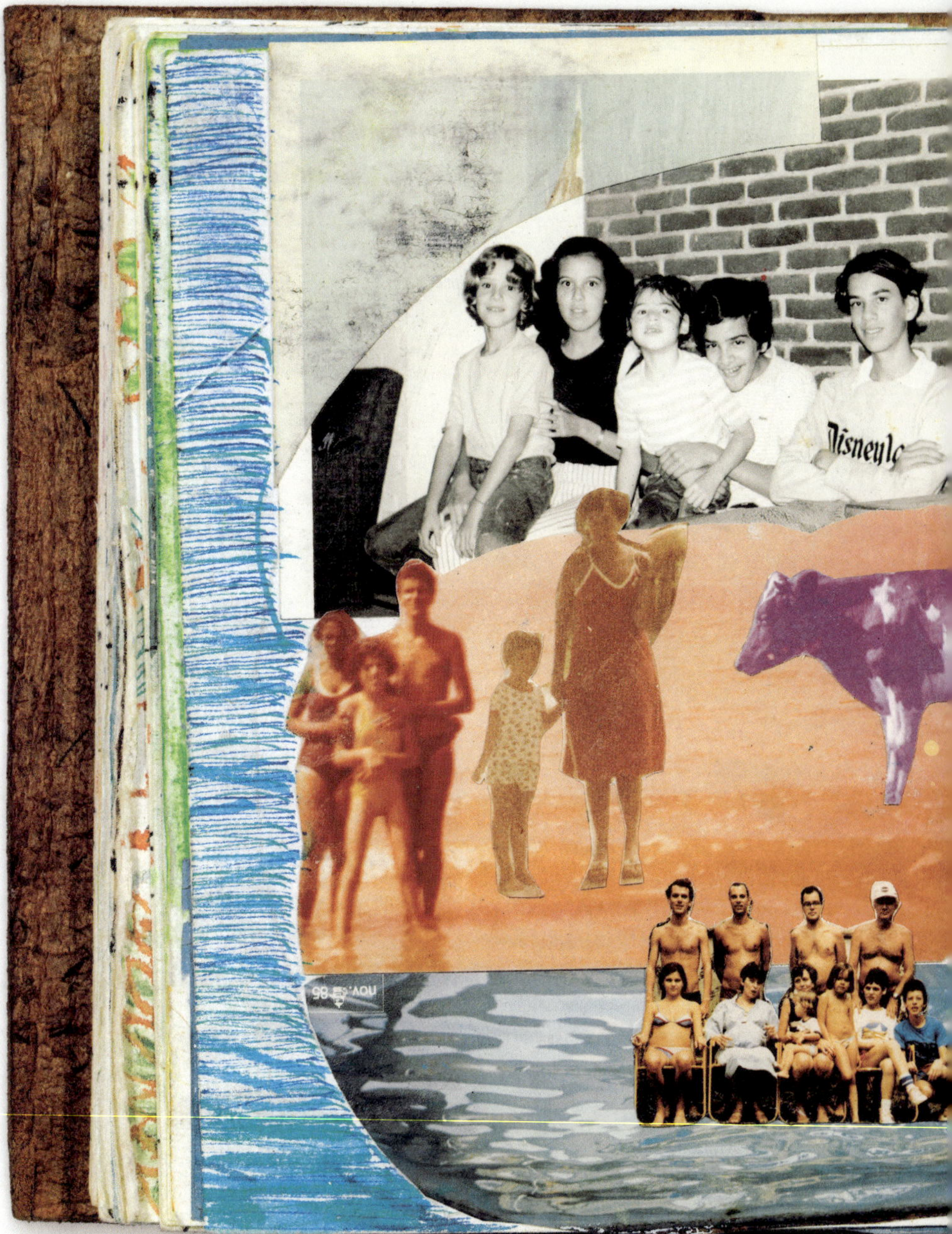

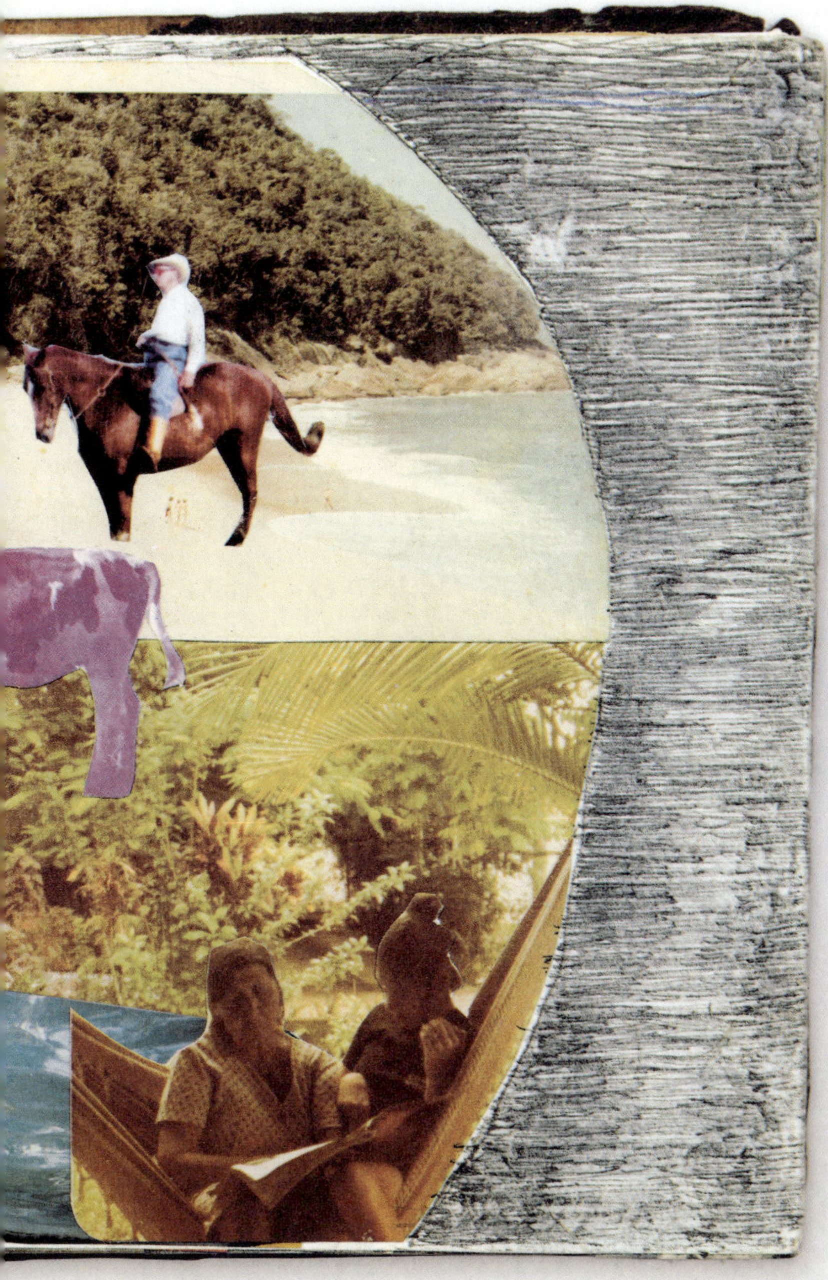

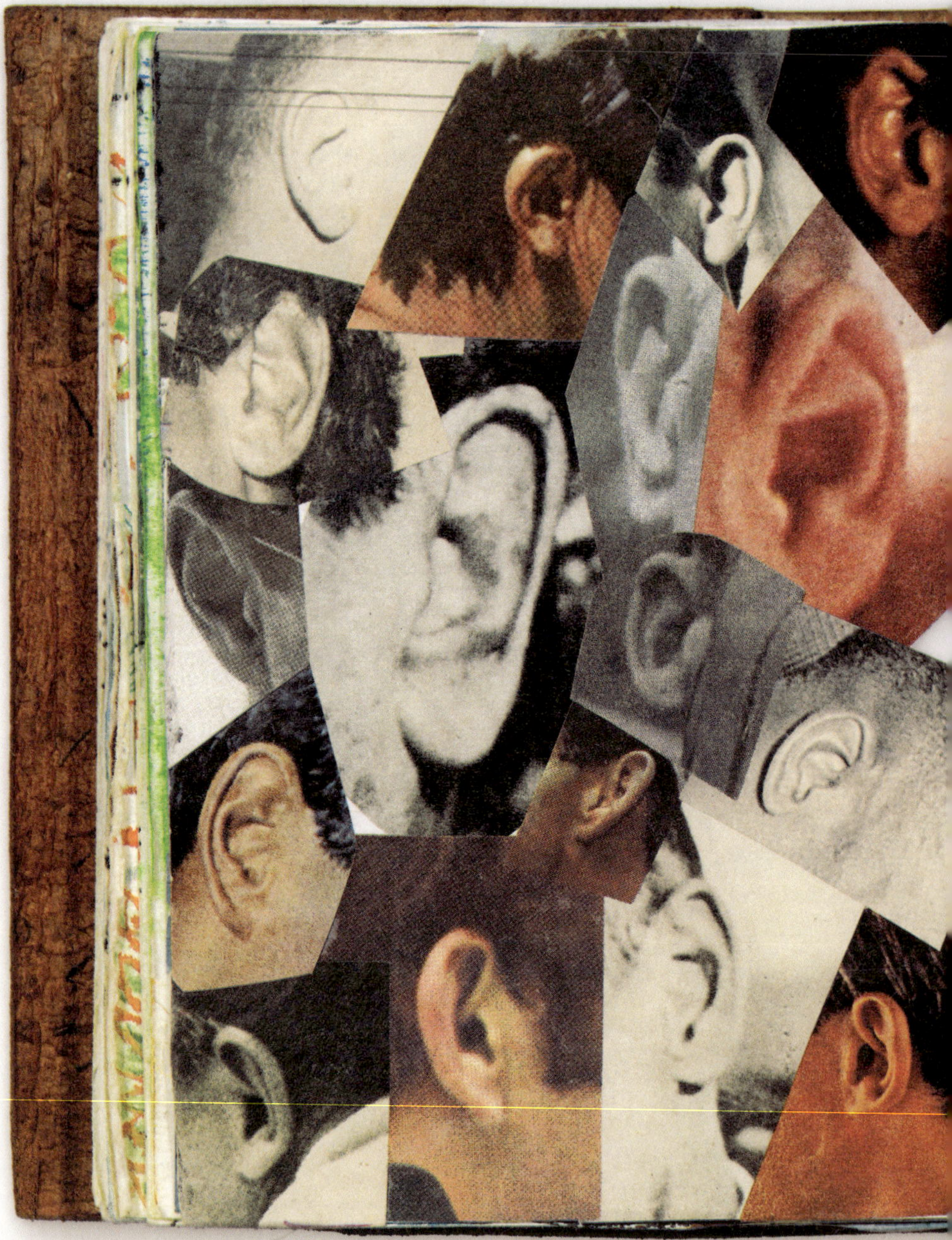

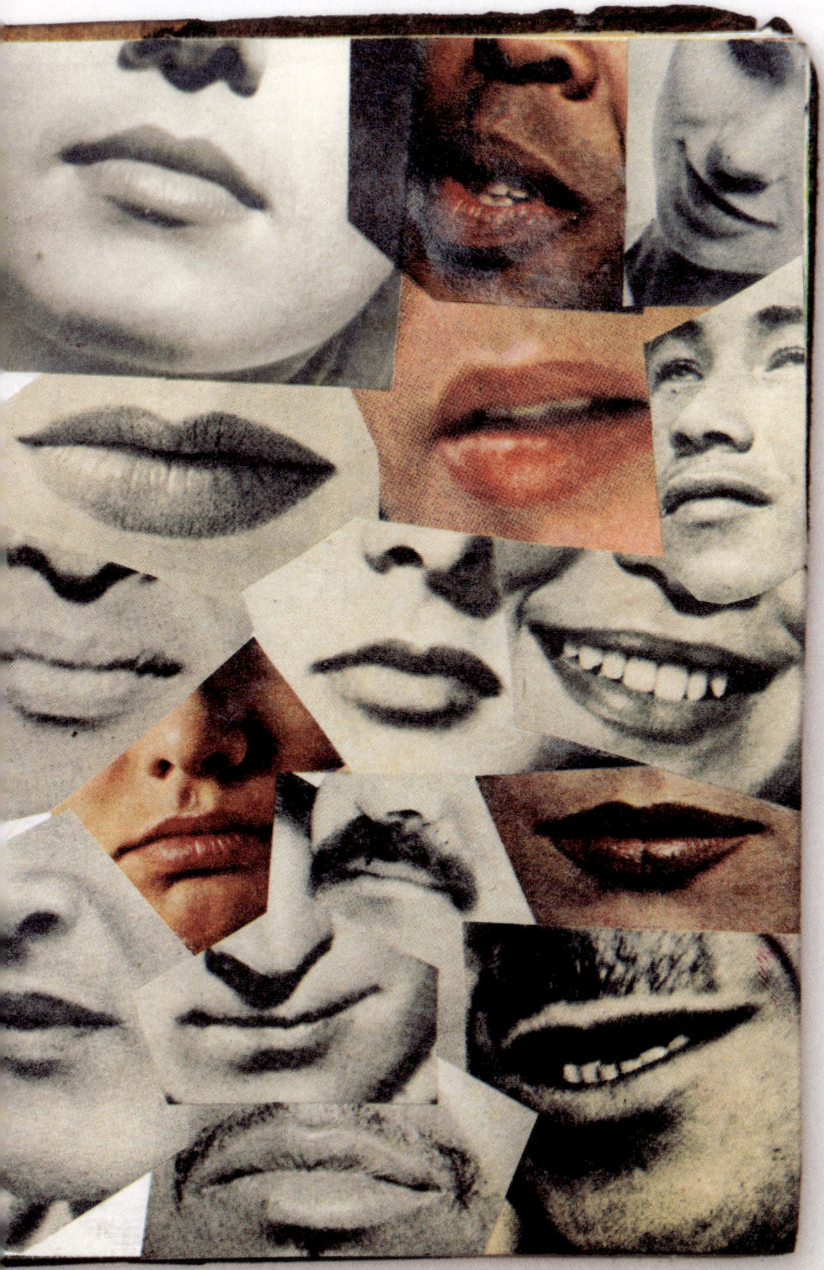

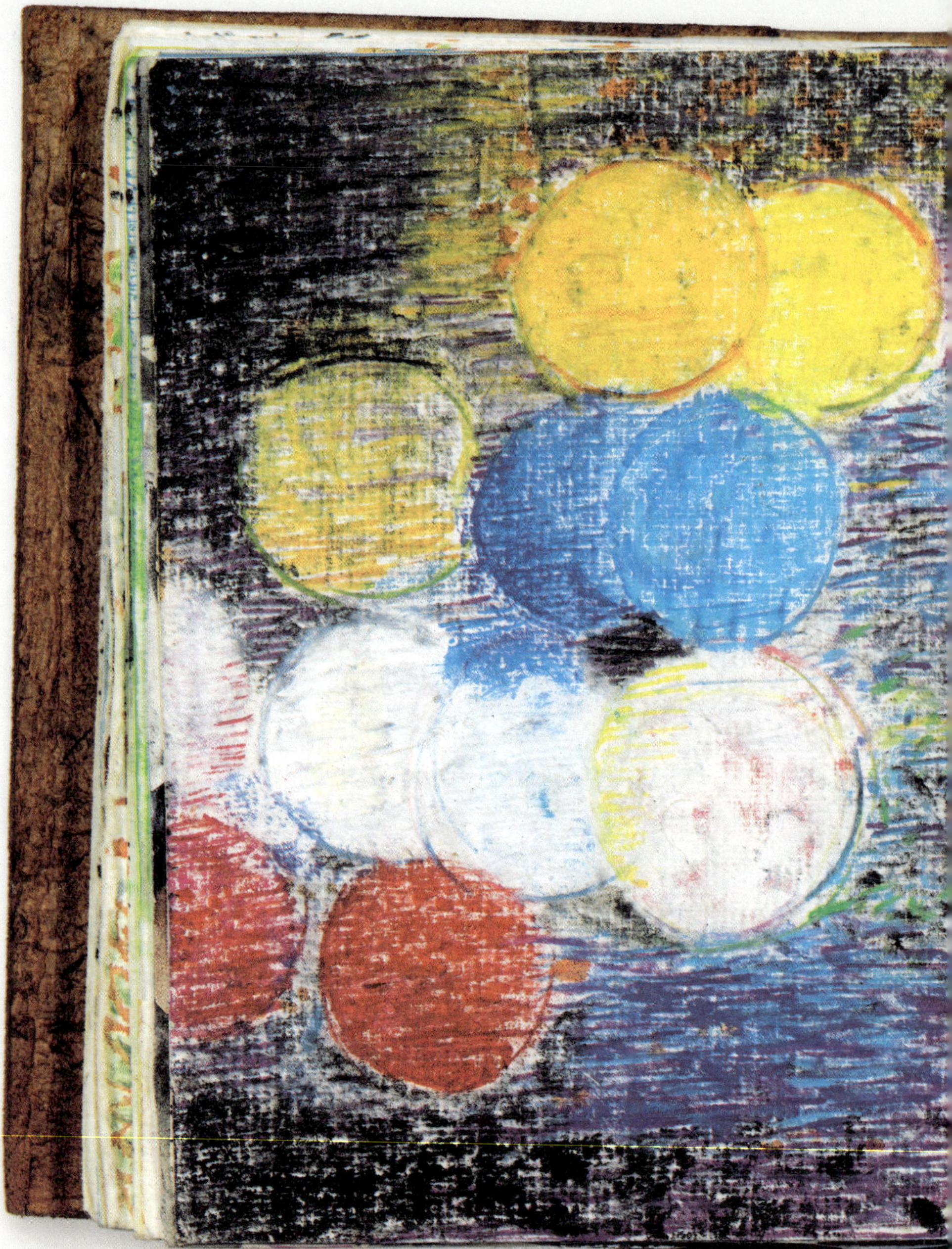

O Episódio Neurológico

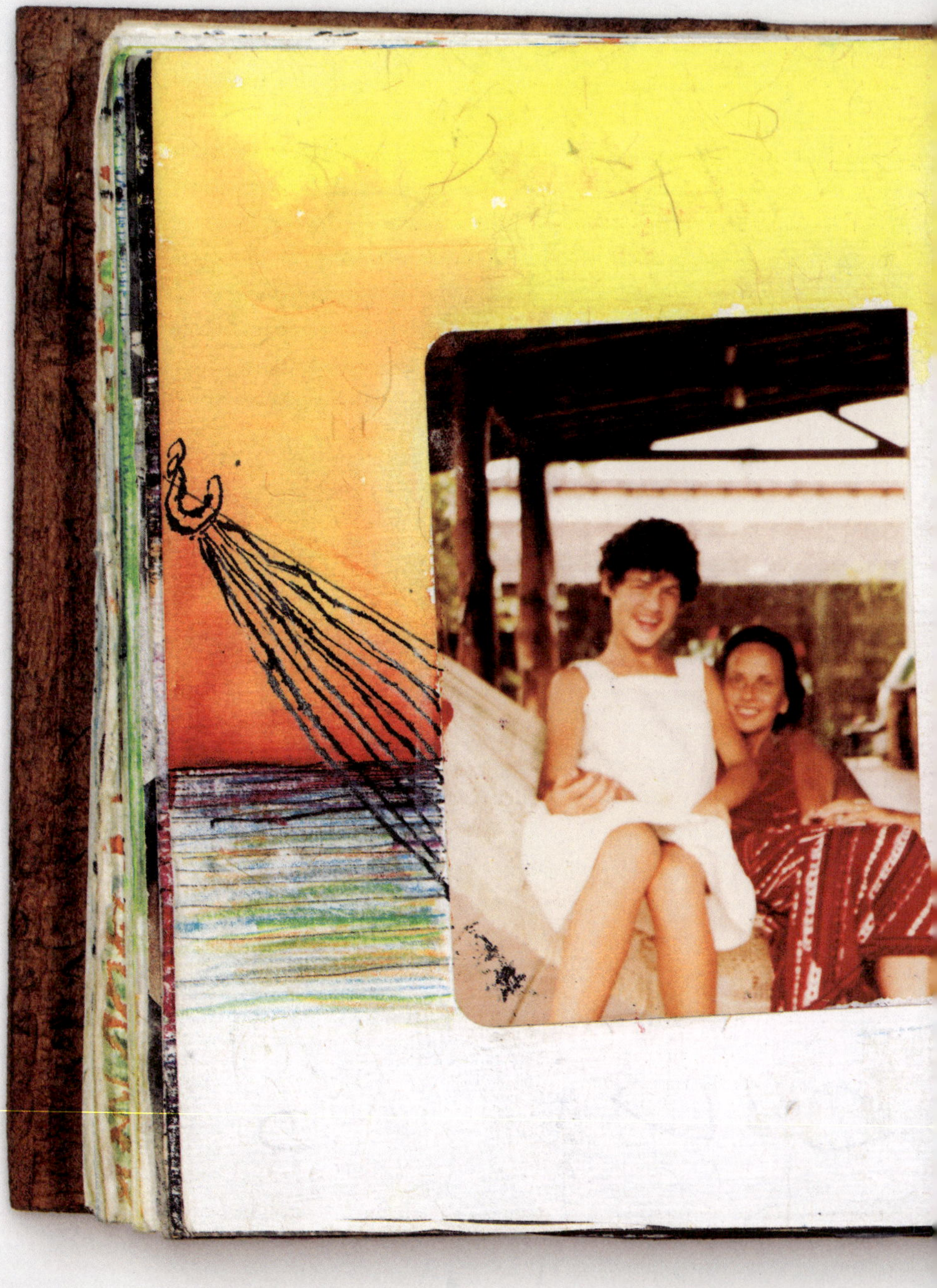

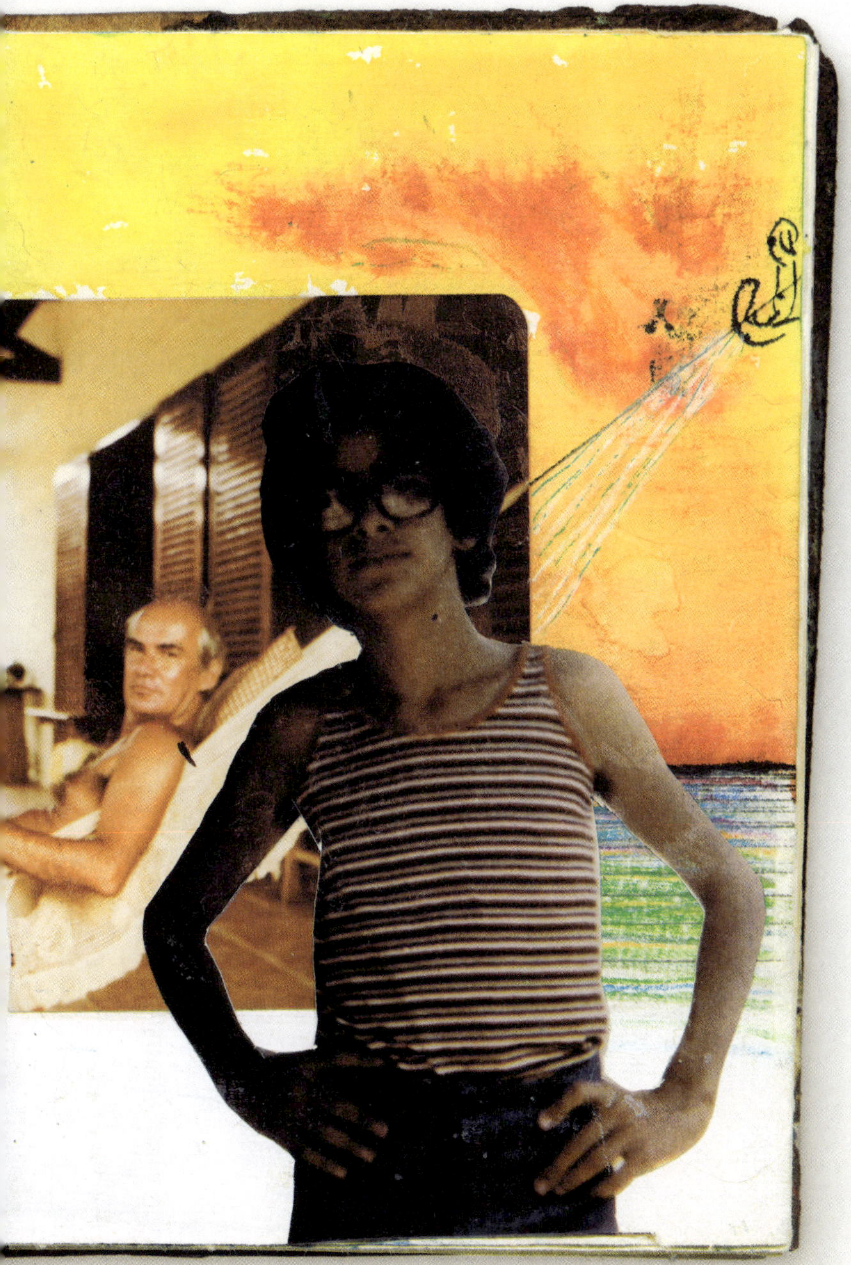

EN & i
m , CH
E GUE
IAO &
i , m ,

ODO
NAL
É UMA
EXAU
STÃO

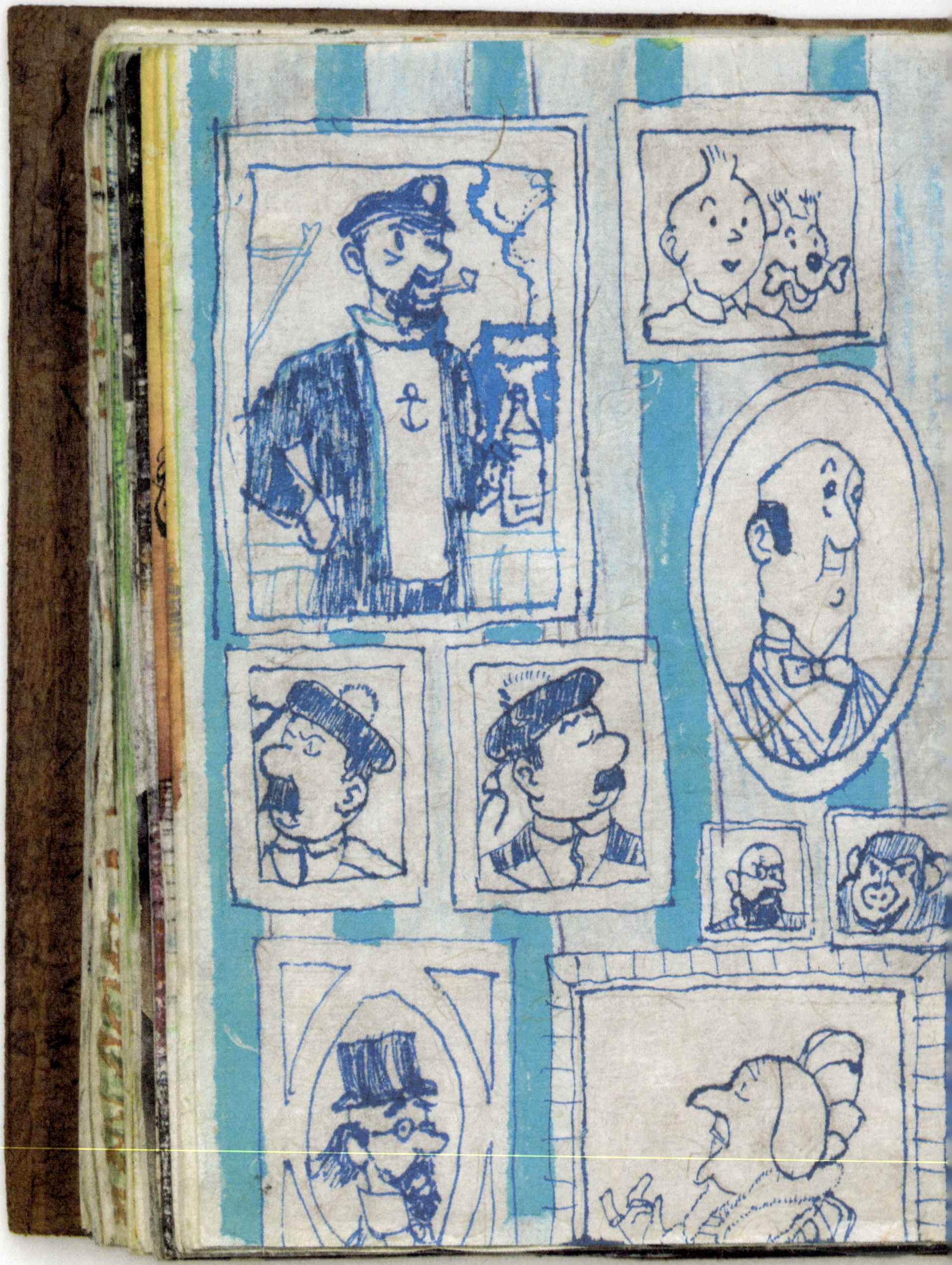

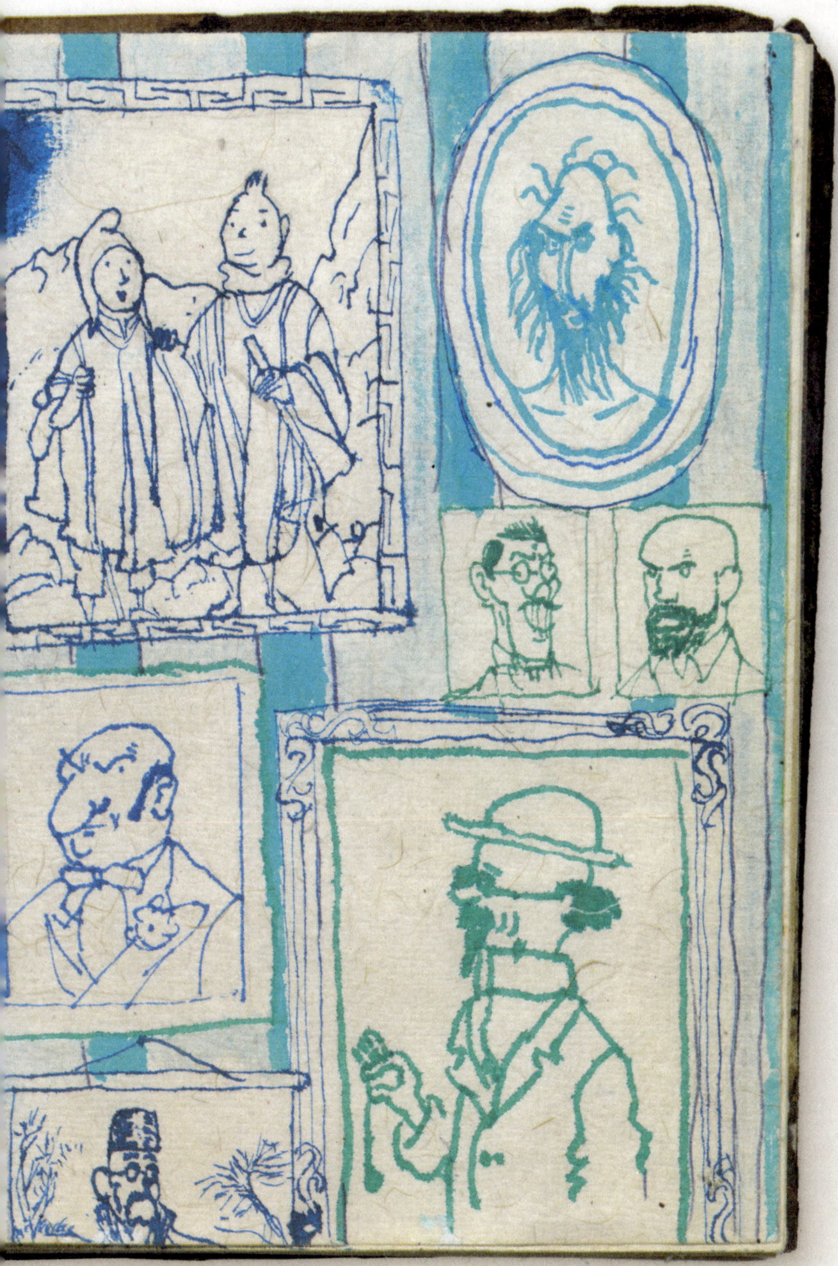

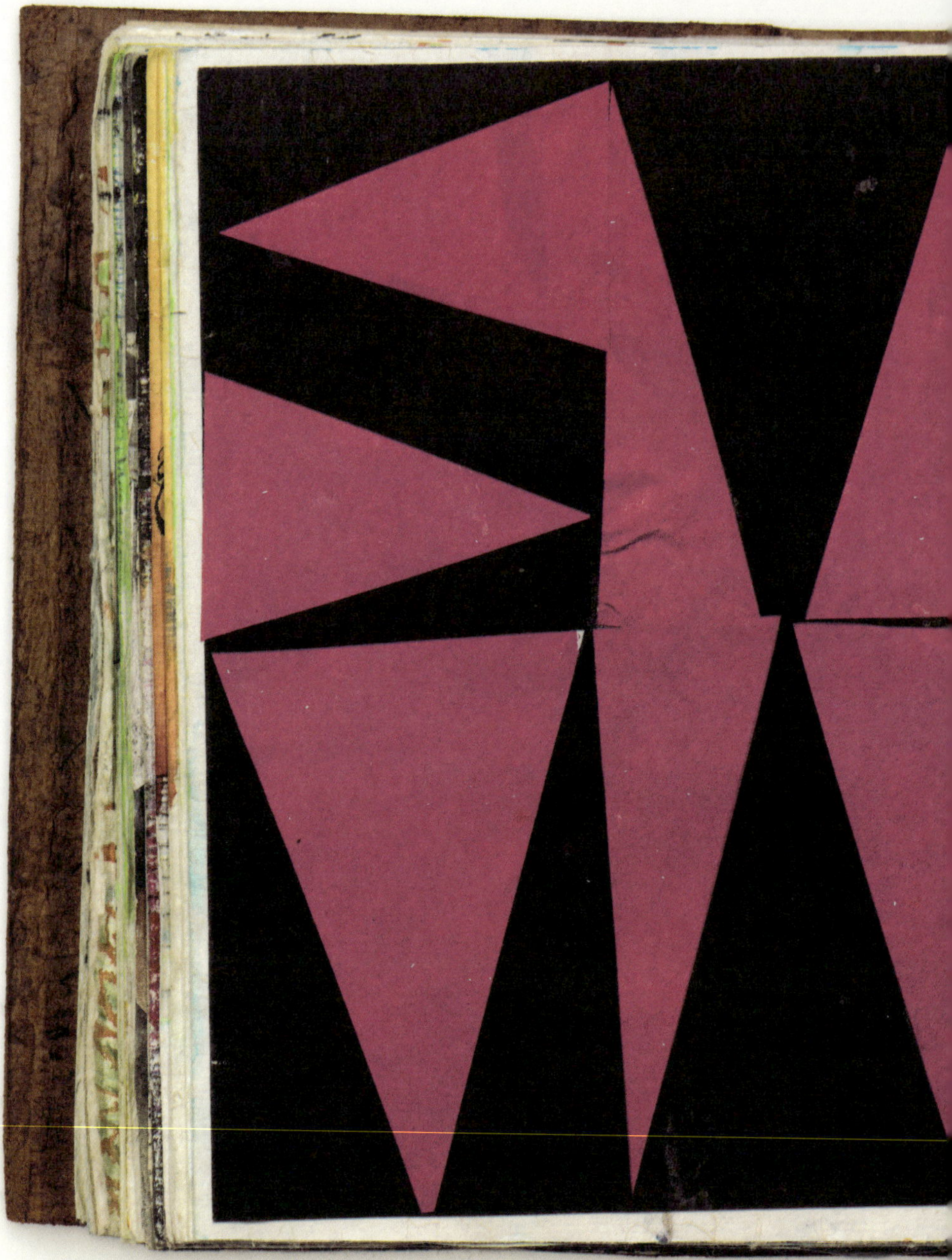

ma... ...late
núm... ...ra po
Que... ...e os v
juntam... ...u Hungr
dem influ... ...mpismo, t
tico de uma ...ado. Não foi
só prospera ...al das contas,
maioria —a m... ...ade com que toa
dadãos no mon... ...os lidar: uma po
tar nas eleições p... ...rospera politicame
ais e parlamentares ...a o direito de governa
ria dos representantes ...em lhe parece e sem c
em um sistema represent... ...rtilhar poder porque é n
Depois da posse dos eleit... ...lmente superior às outr
jogo está feito, o negócio é v... ...ou porque vem de algum gr
a distribuição de poder que o... ...po meritório e virtuoso, porque
...cia verdadeira e honesta

...po
...mo tem
...presidênc
...capacidade d
...as, aprovar leis, c
...orçamento público e
...sso enchendo o Congres
...deputados e senadores bo
...naristas, fisiologistas e do
...trão, quando não são o
...coisas ao mesmo temp
...em mais com isso,
...te, as franjas ext
...tro ideológic
...os menos
...ensão

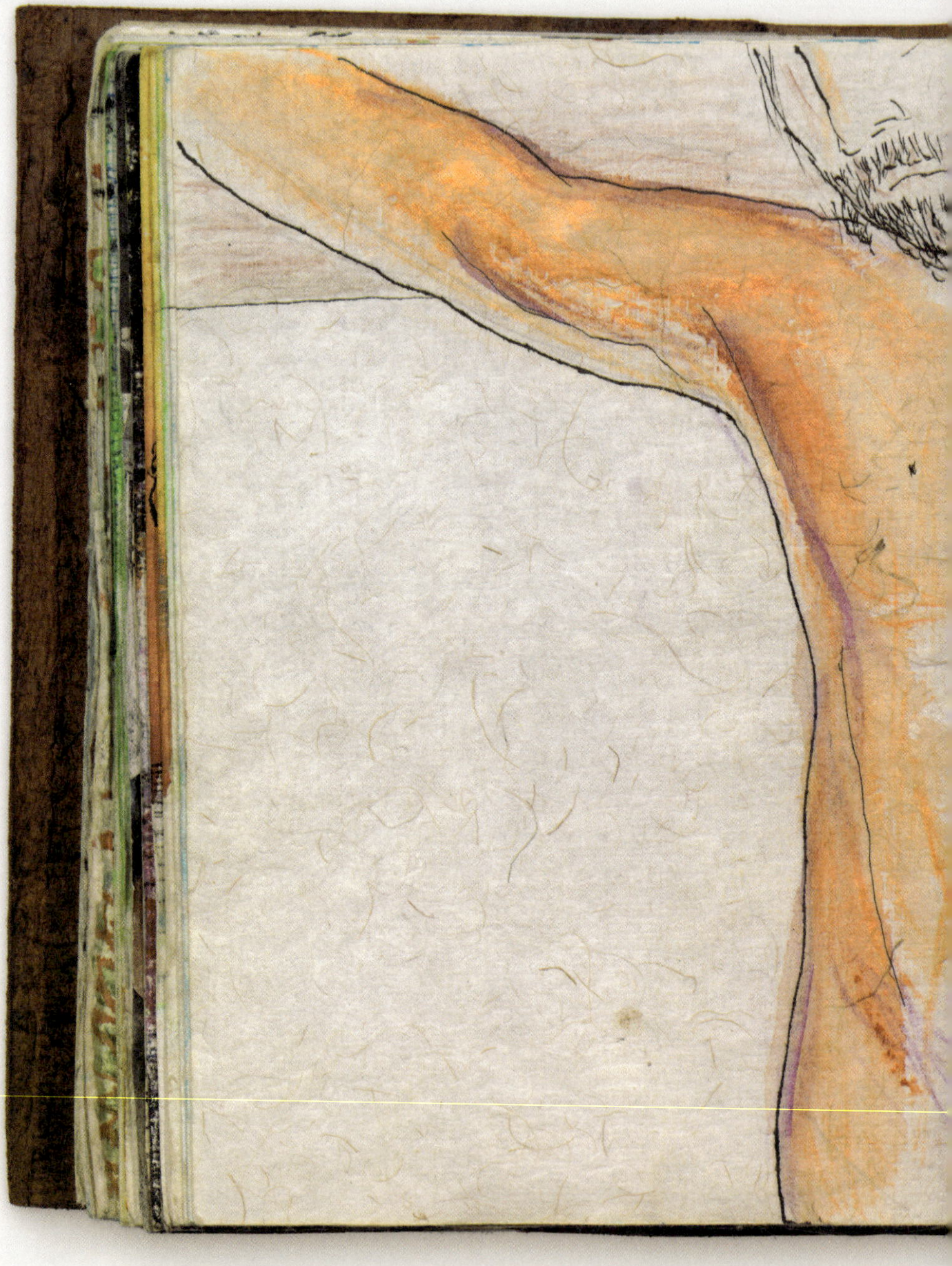

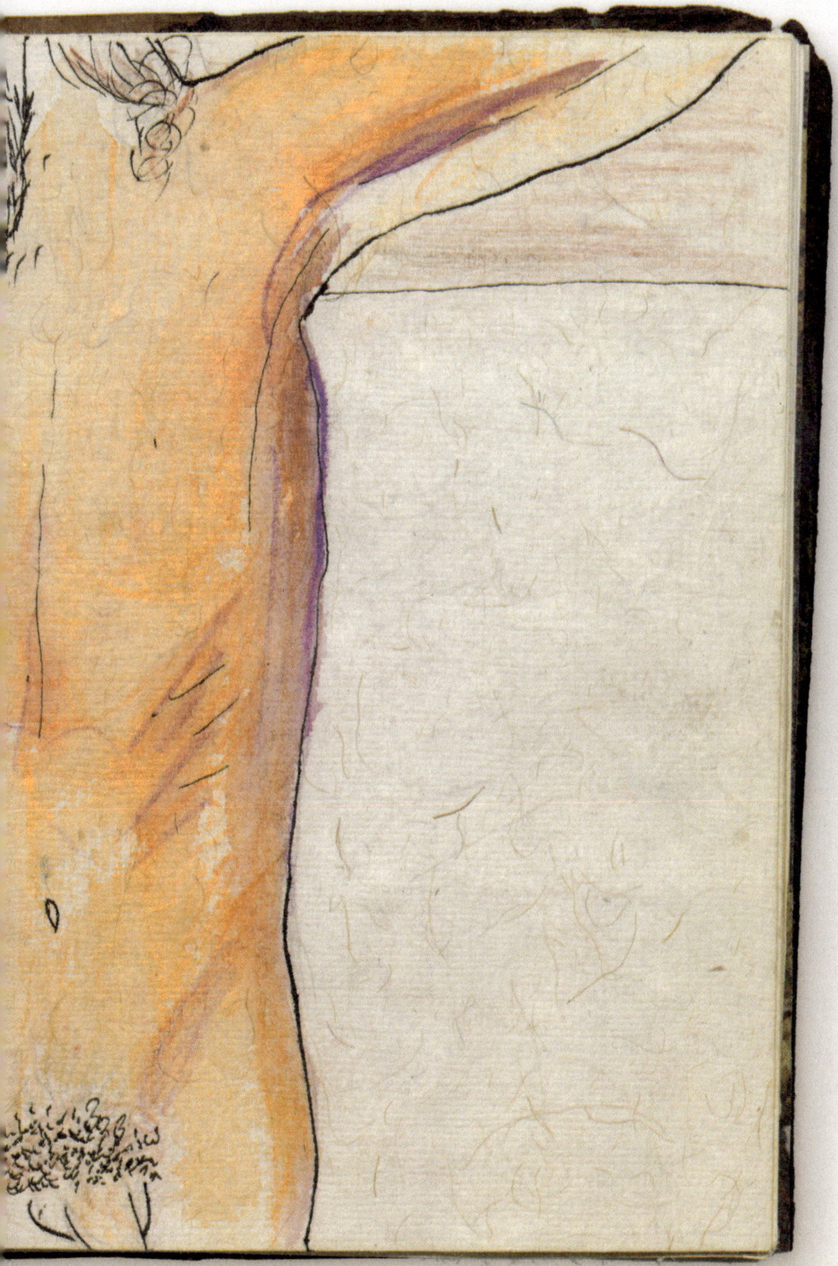

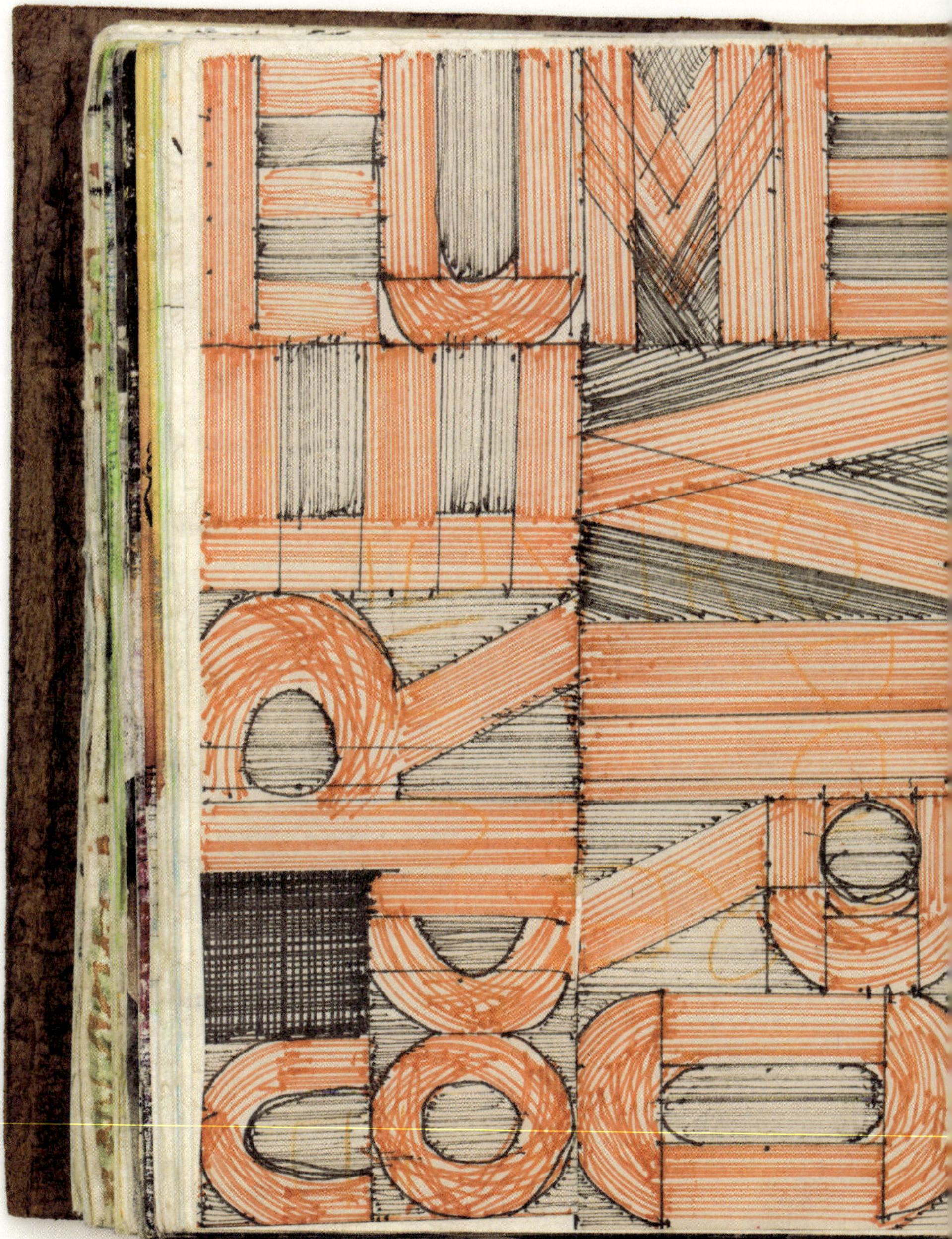

N
N
N
N
NR
NR
NR
NR
0
20
40
60
80
100
120
140
160
180
200
220
240
260
280
300
320
340
360

PRÉ-SAL

Espadas de São Jorge
sempre em guarda vigiam
Inhames majestosos
dos negros caules que brilham
Barras de lingote
a caixa forte continha
As mãos de minha avó
molhadas com glicerina
Sirva-se pro sortimento

Pipocas estouravam
nos pedais do triciclo
O detetive desvendava
um crime hediondo
Lagosta espatufada
atrEas do branco biombo
periquitos viciados
em sementes de cânhamo
Aves do Padre Faria

Se o mundo Mysoline
evitasse convulsão
Na mesa o Epelin listrado
2, Pablo Forlan
A estátua do Jardim Guedala
um sepultado anão
Na telha hexagonal
Sem graça o Guaraná
guarda em segredo
a distração

Desbarrancadas margens
parte o Lázaro, o Zinho
Fitas demarcavam rubras
tardes de vôlei
O centenário Perez
caminhava sozinho
Strombus pugilis
dec nóseos lábios
vêm banhados
pela espuma da areia

Subir num jacaré
do Cedro e olhar Fortaleza
Sumiu a ilha do Mar Virado
e junto, as certezas
ácido dourado
a pedra me lagarteia
Na rede o Picaré
estrelas-do-mar
no céu desponta
a Dalva de Oliveira

Monsieur Perdoncini
DERDICC em Nice
a TAL, minha mãe
Mah-Jong Totopoly
a louça linda
pintada à mão
em Rancharia a Orísia
ensina o saci
a ter pé no chão
Tituca, naval
civil o meu pai
Ataliba sem Poli,
Porém General

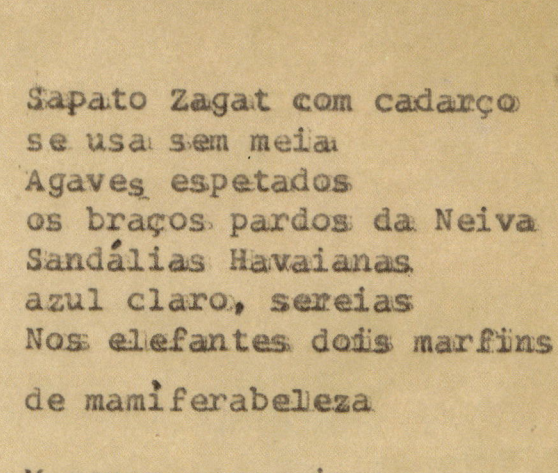

Sapato Zagat com cadarço
se usa sem meia
Agaves espetados
os braços pardos da Neiva
Sandálias Havaianas
azul claro, sereias
Nos elefantes dois marfins

de mamiferabelleza

Mamonas assassinas
com mamilos polêmicos
A Lúcia elucida
um enunciado totêmico
Petróleo dos primórdios
nossa terra foi feita
o asfalto fonoaudiólogo
o episódio neurológico
a terraplenagem perfeita

Enfim, chegueis ao fim
todo final é uma exaustão
tim-tim por tim-tim,
pois do Tintim
eu sou um grande fã
Sumi, eu sei que em Betim
não fui visitar minha irmã
Crer em Cristo não é
o meu signo de fé
eu me viro, dou ré
e sigo em frente

S. MARCO - VENEZI
Tel. 041 2708311

S. MARCO - VENEZIA
Tel. 041 2708311

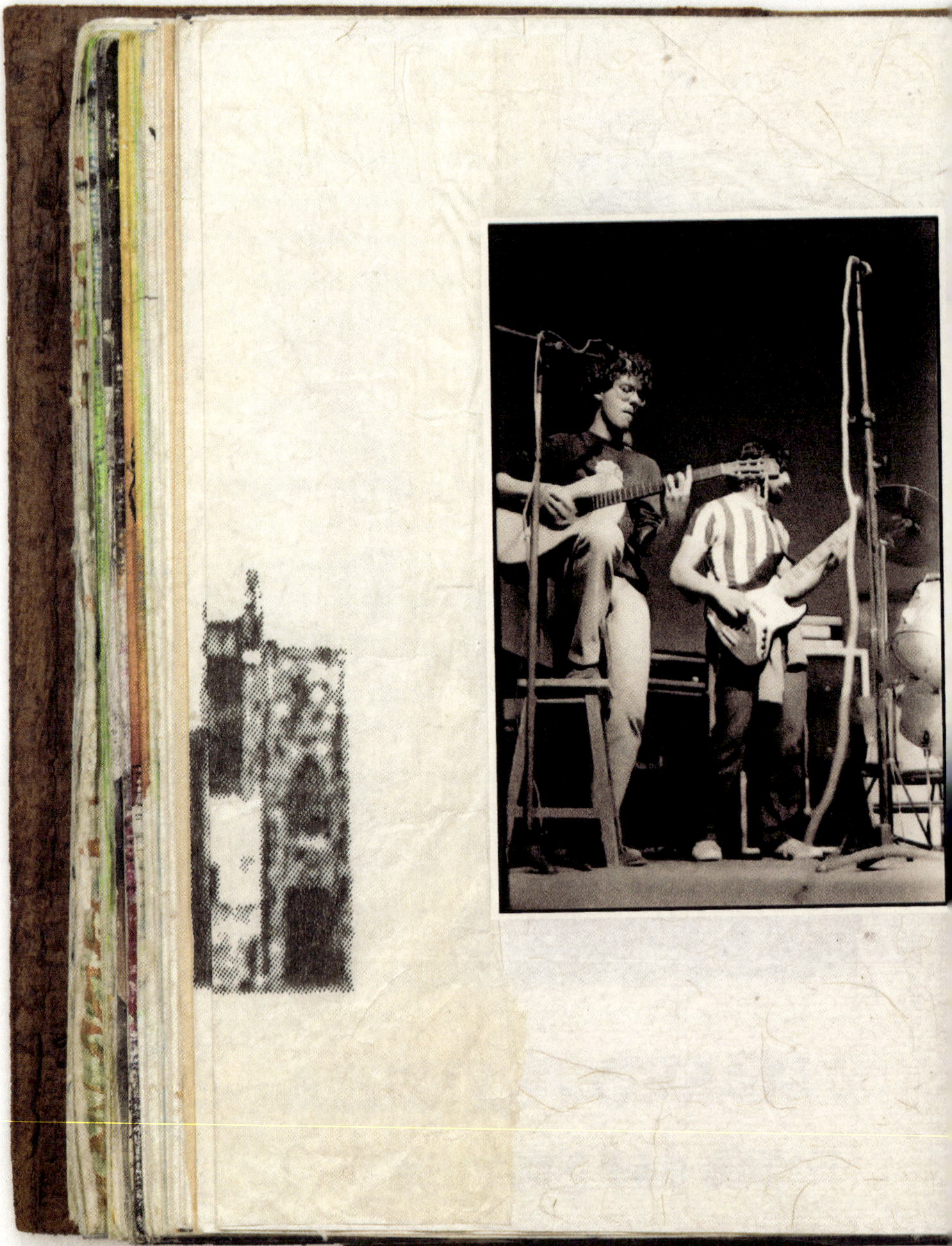

Lee Perry

PRESSURE SOUNDS

Espadas de São Jorge
sempre em guarda

Se o mund[o]
evitasse c[o]

Espadas de São Jorge

sempre em guarda vigiam

Inhames majestosos

dos negros caules que bri lh

100% ARÁBICA

FLOR DA
CANASTRA
CAFÉS ESPECIAIS

ORIGEM ÚNICA
SERRA DA CANASTRA - MG
SÃO ROQUE DE MINAS
BRASIL

TORRADO
✓ EM GRÃO ___ MOÍDO
250 g

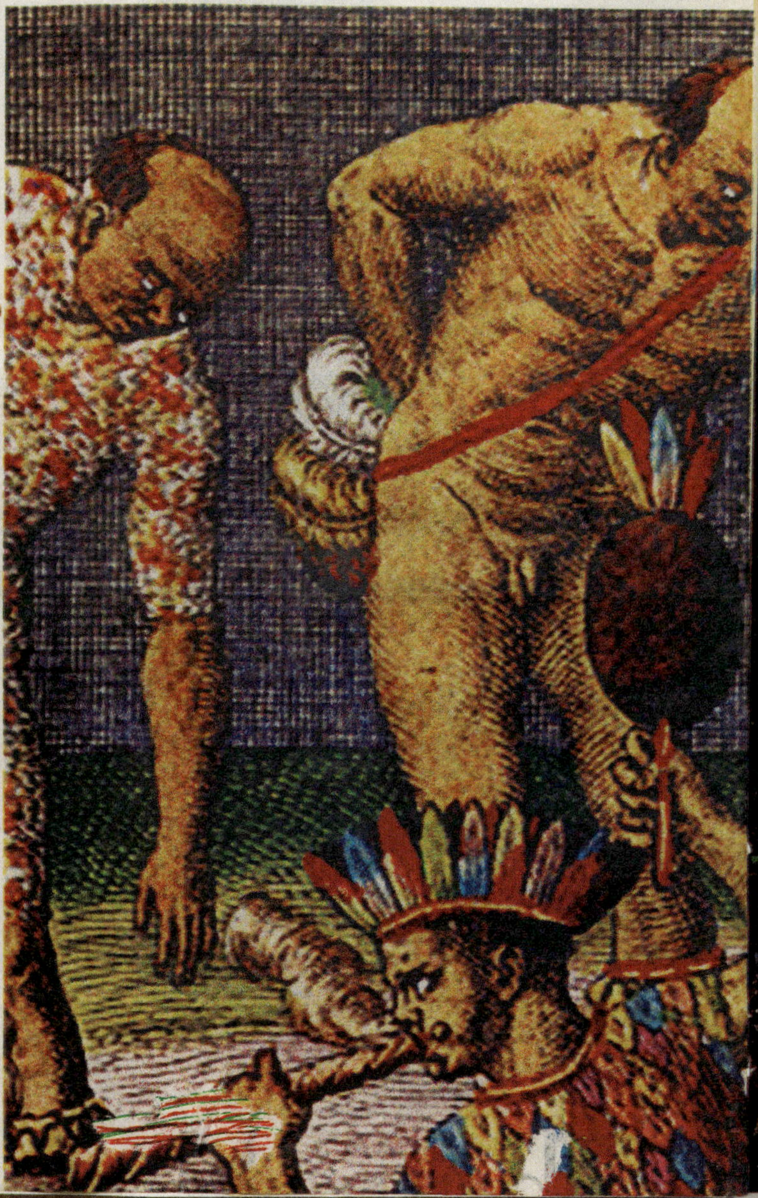

TUFF GANG

DUB IN TRENCH TOWN
(Bob Marley)
BOB MARLEY & THE WAILERS

Dist. by
Tuff Gang Int'L
220 Marcus Garvey Dr. Kgn 11.
Tel: 92-39380-4

Rec & Mixed by E. Brown
Prod. by Bob Marley & The Wailers
(p) 1982

DISCO 45

TUFF GONG

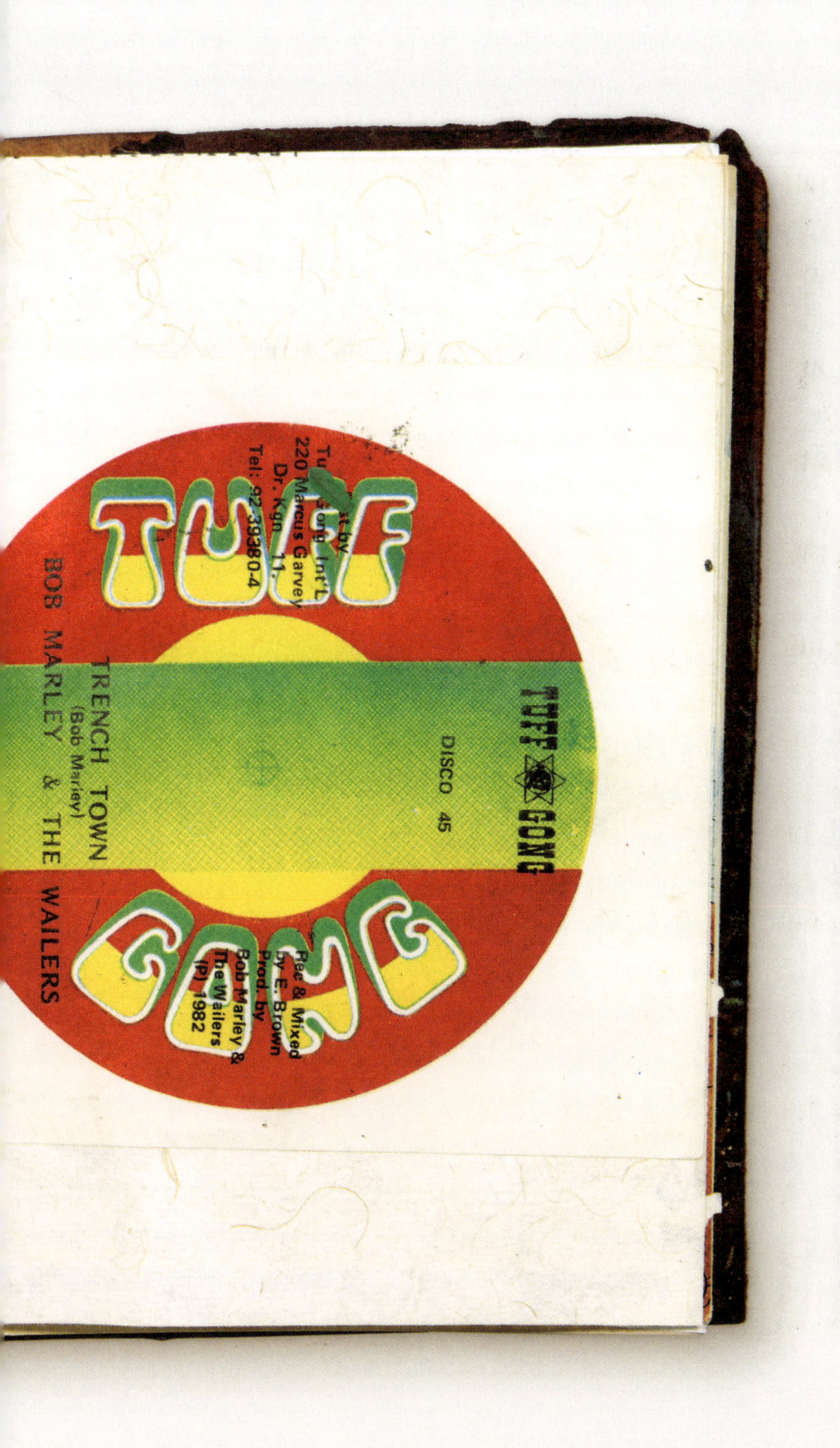

Tuff Gong Int'L
220 Marcus Garvey
Dr. Kgn. 11.
Tel: 92-39380-4

TRENCH TOWN
(Bob Marley)

BOB MARLEY & THE WAILERS

DISCO 45

TUFF GONG

Rec & Mixed
by E. Brown
Prod. by
Bob Marley &
The Wailers
(P) 1982

favutu
coraliophila 23-5-88
× bursa corrugata (3) Bernardo Linhares
× leocozonia nassa
× morula (reg. picta)
× latirus bernardensis
×? cymatium labiosum
×   "   vespaceum
×   "   rubeus ou dentata
×   "   caribeum
×   "   pileare 3
×   murexnios
× cantaurus fautus
×? connus centrum
   lattaxis mansfield
× natica sucatta
×   "   floridana
×? conus daluc? brazilien
   xenophora (opercula dentro)
              conguruzara

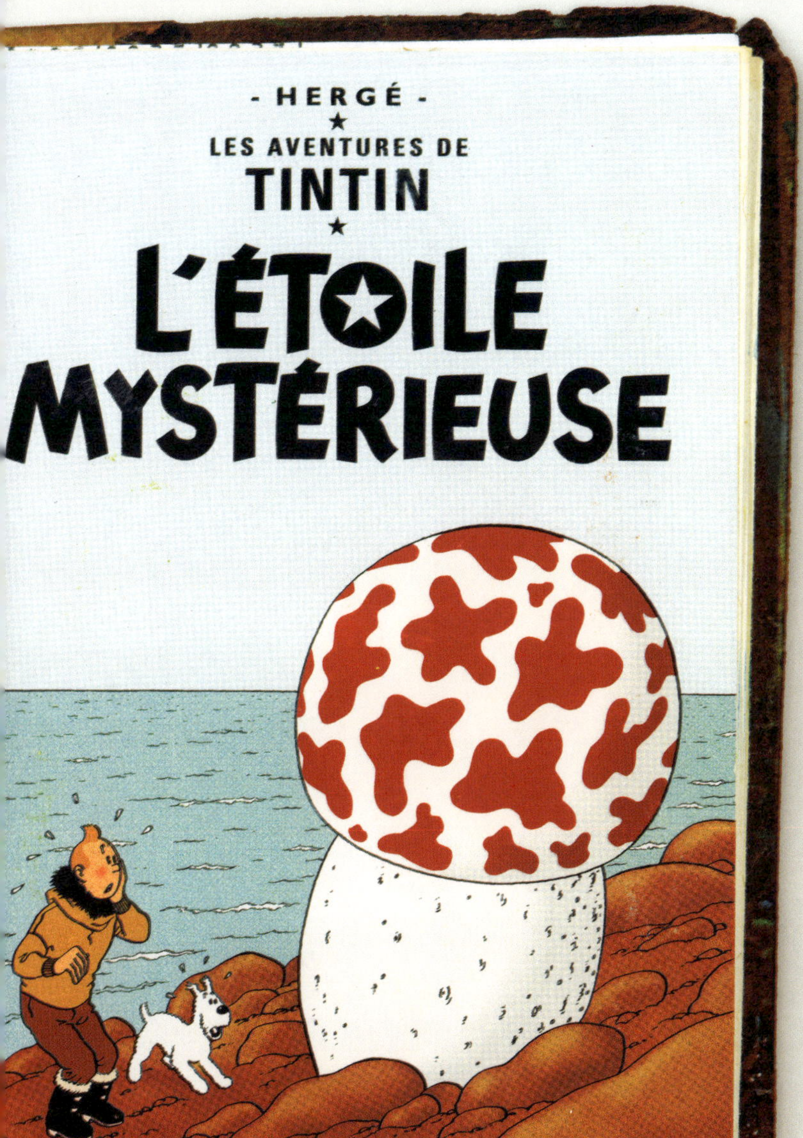
- HERGÉ -
LES AVENTURES DE
TINTIN
L'ÉTOILE
MYSTÉRIEUSE

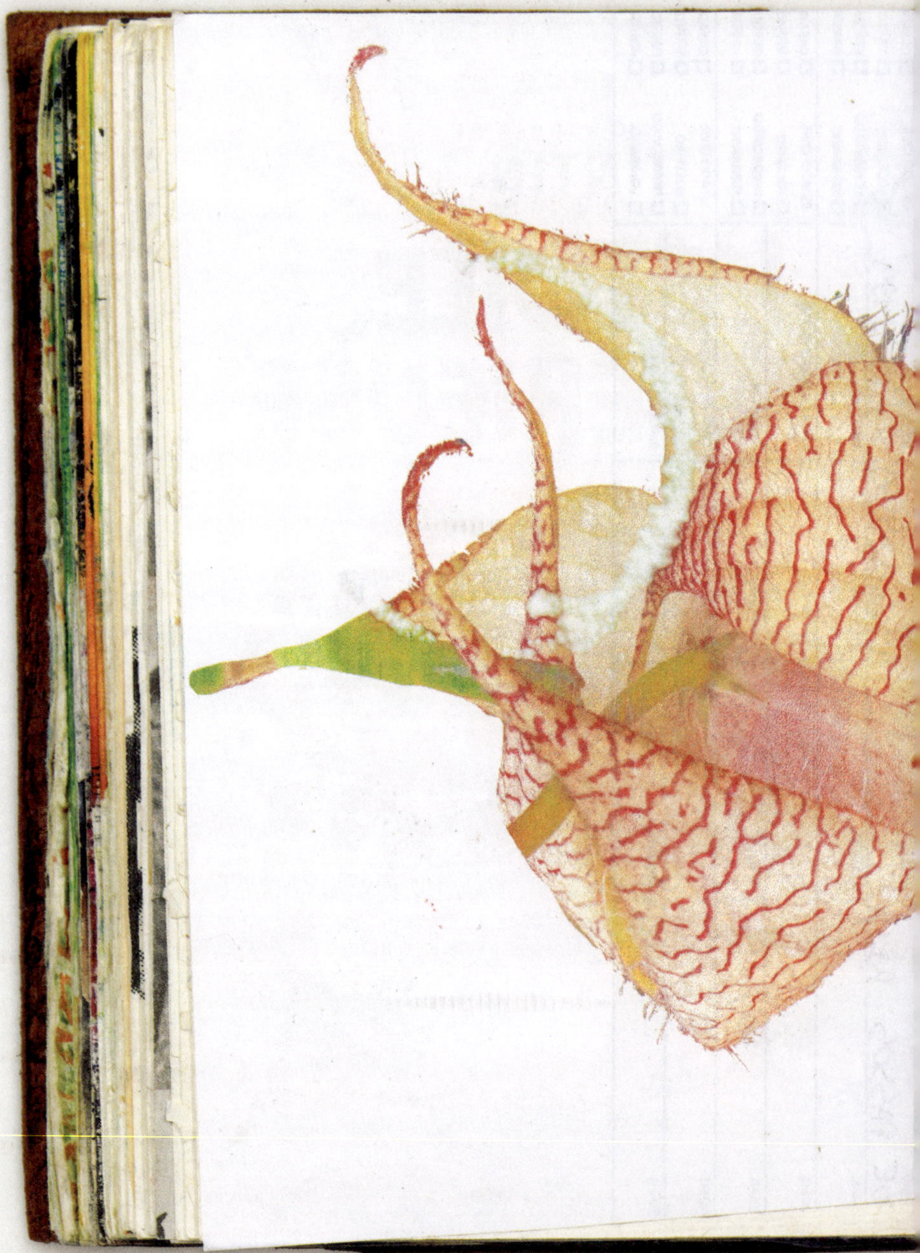

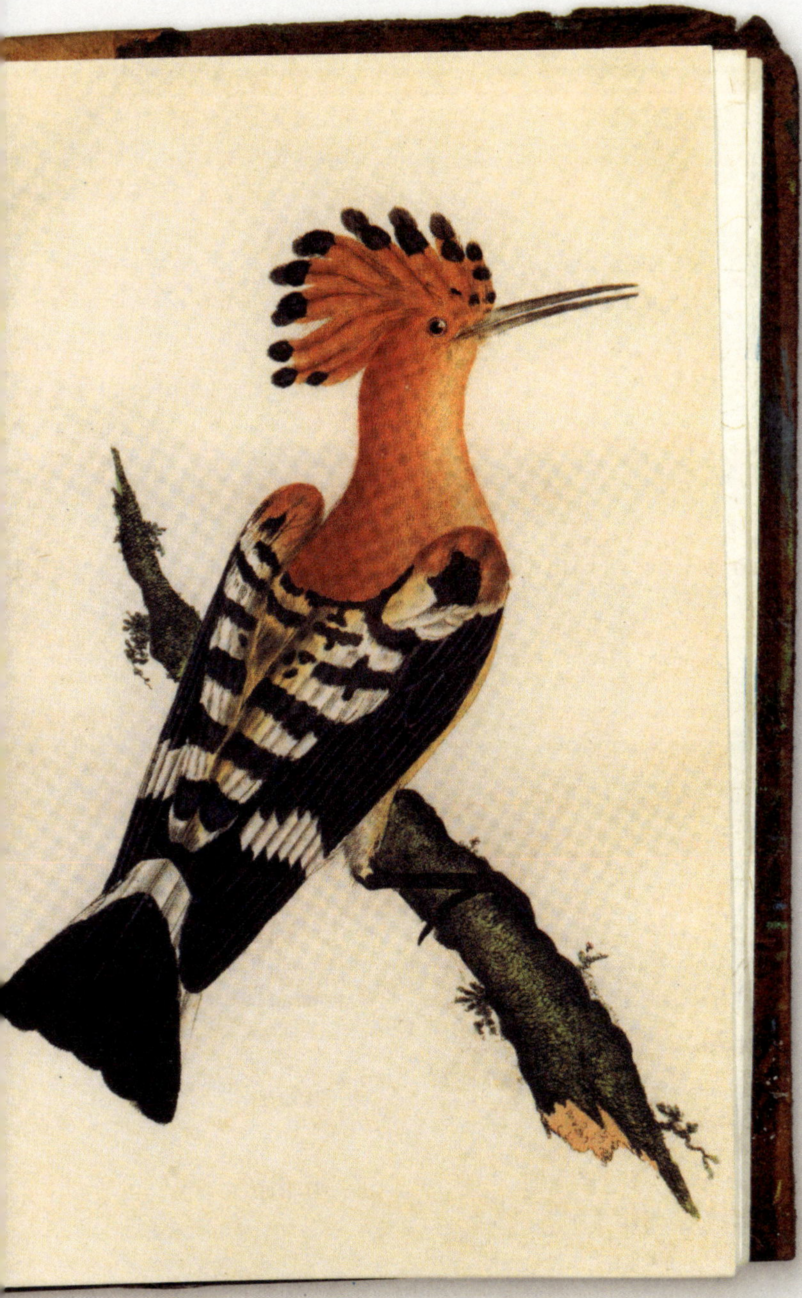

Ital

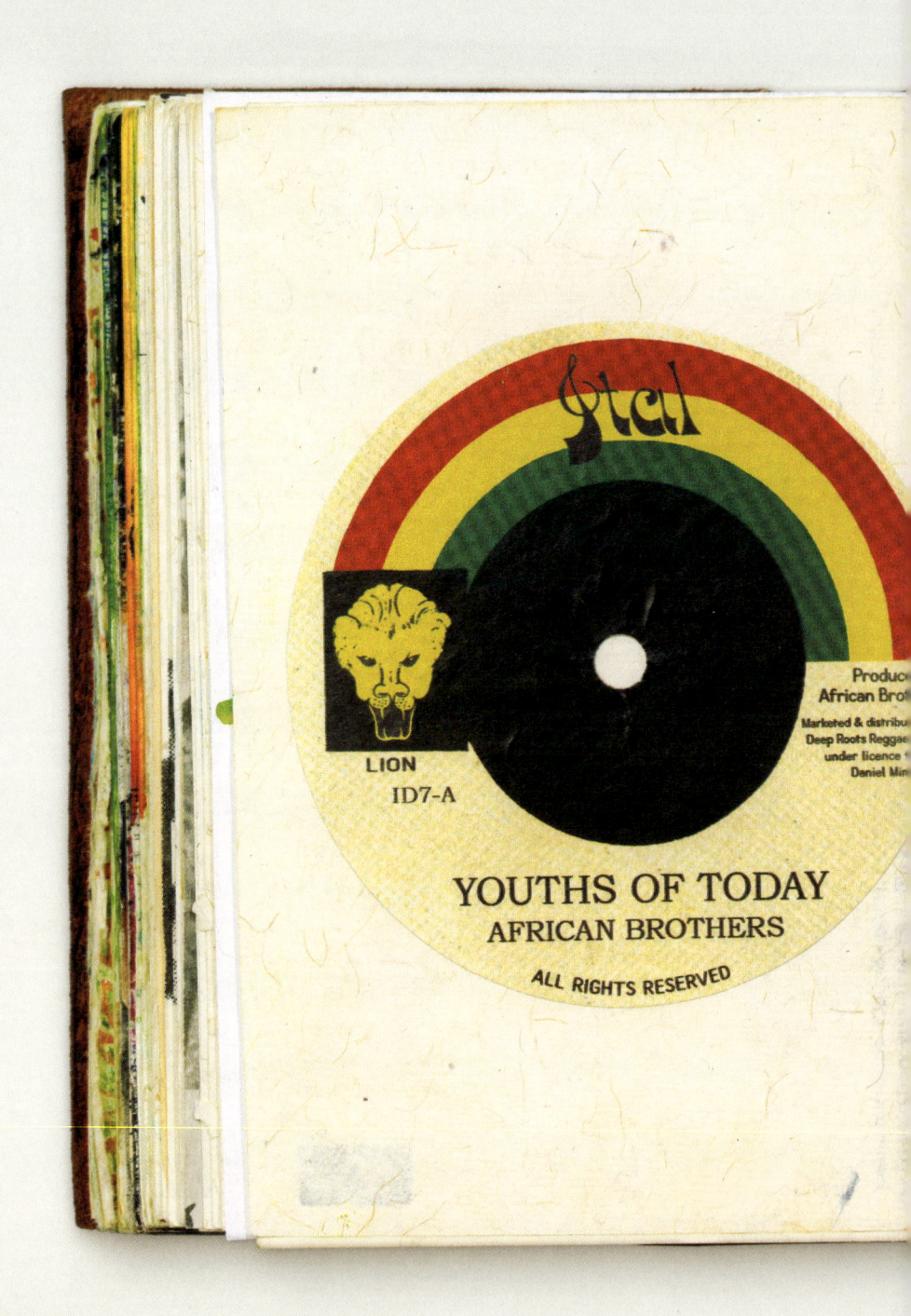

LION
ID7-A

Produc[ed]
African Bro[thers]

Marketed & distribut[ed by]
Deep Roots Reggae
under licence
Daniel Min[...]

YOUTHS OF TODAY
AFRICAN BROTHERS

ALL RIGHTS RESERVED

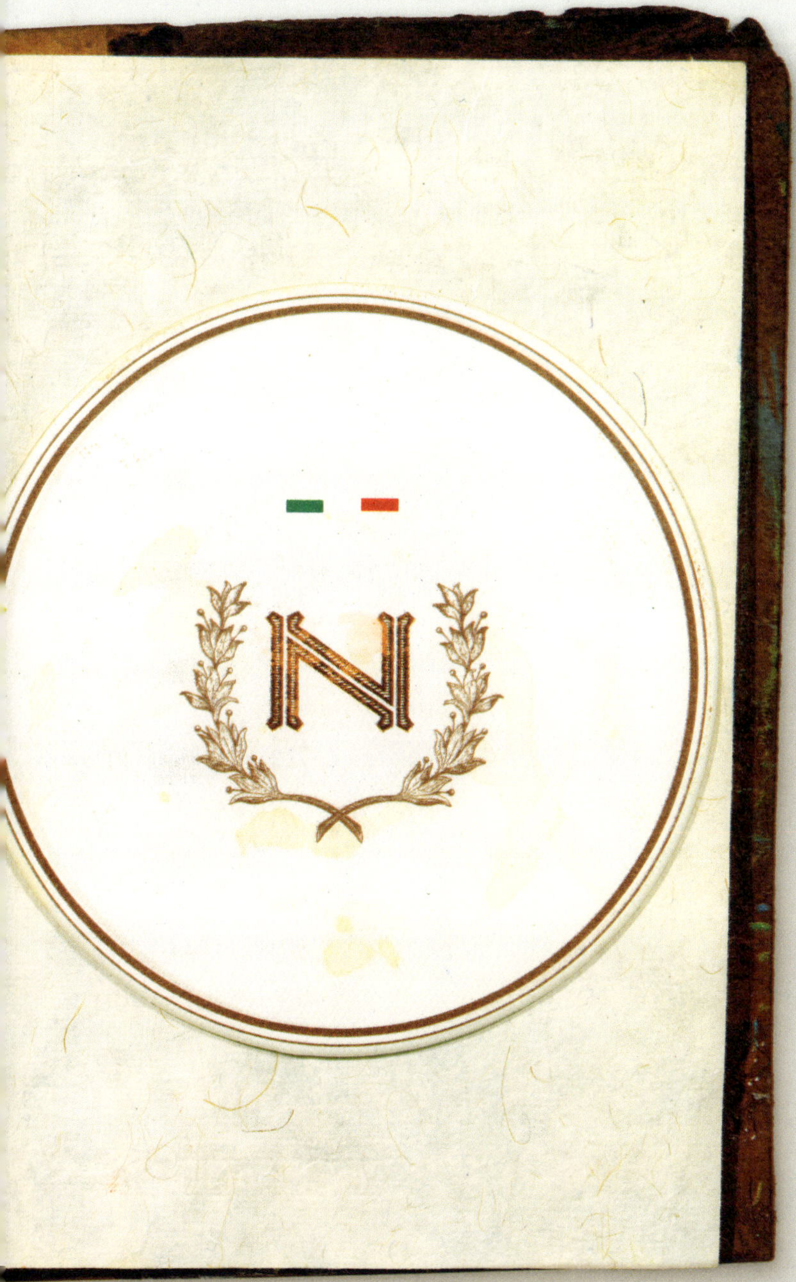

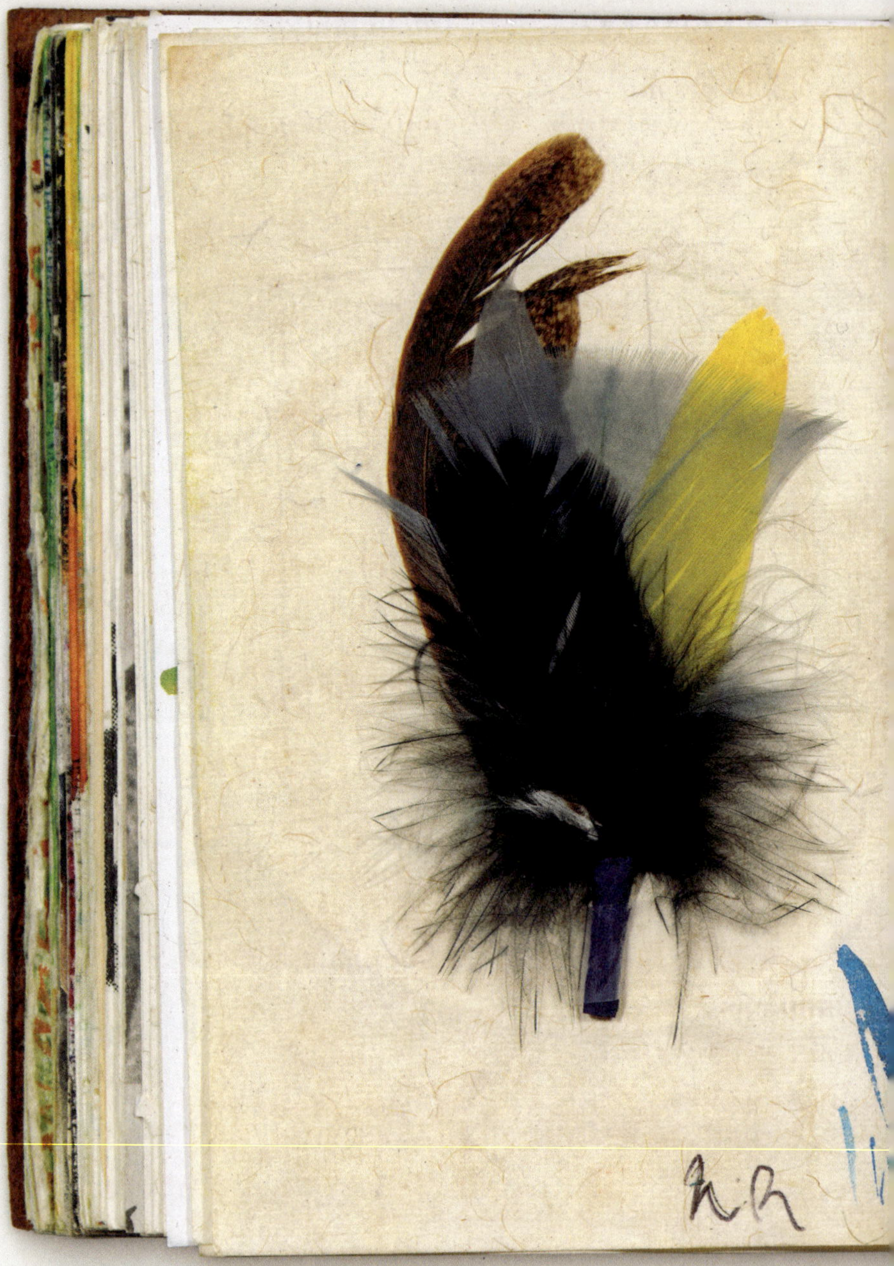

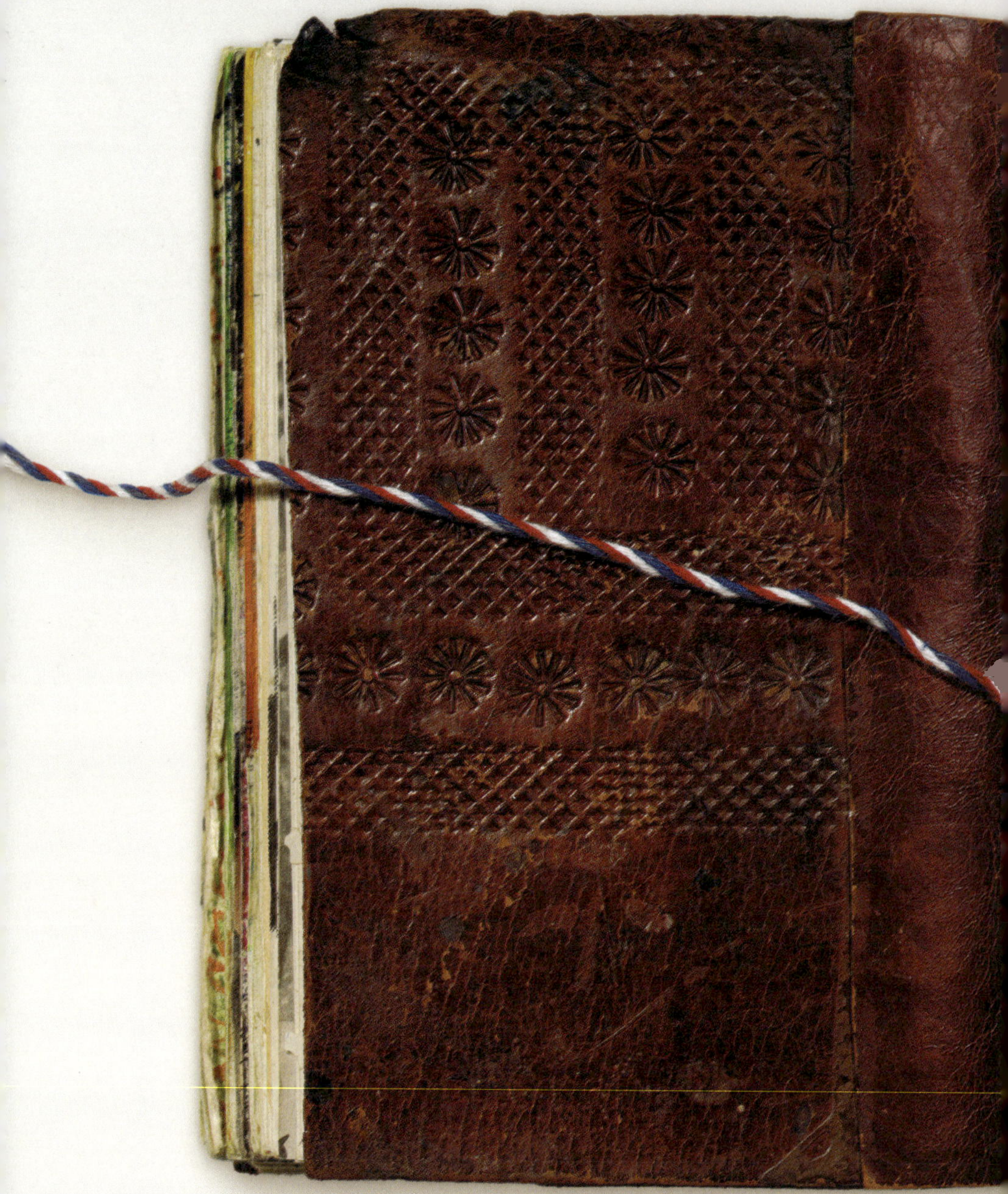

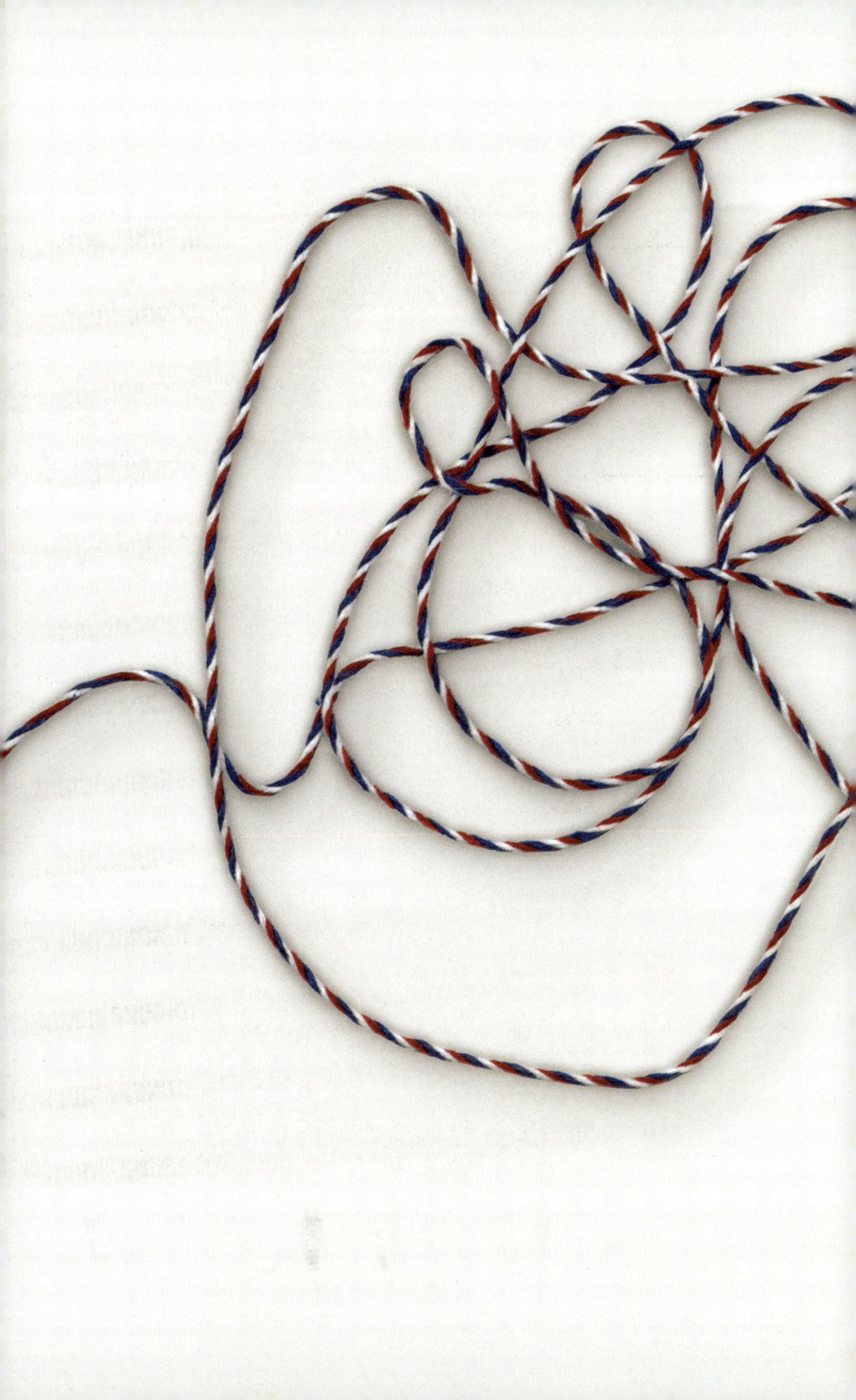

COPYRIGHT © 2024, NANDO REIS
COPYRIGHT © 2024, EUCANAÃ FERRAZ
COPYRIGHT © 2024, EDITORA WMF MARTINS FONTES LTDA.,
SÃO PAULO, PARA A PRESENTE EDIÇÃO.

TODOS OS DIREITOS RESERVADOS.
ESTE LIVRO NÃO PODE SER REPRODUZIDO,
NO TODO OU EM PARTE, ARMAZENADO
EM SISTEMAS ELETRÔNICOS RECUPERÁVEIS
NEM TRANSMITIDO POR NENHUMA FORMA
OU MEIO ELETRÔNICO, MECÂNICO OU
OUTROS, SEM A PRÉVIA AUTORIZAÇÃO POR
ESCRITO DO EDITOR.

1ª EDIÇÃO 2024

ACOMPANHAMENTO EDITORIAL
FABIANA WERNECK

REVISÃO
ROGÉRIO TRENTINI

PRODUÇÃO GRÁFICA
GERALDO ALVES

FOTO NANDO REIS
NA BANDA CAMARÕES
© MANOEL VALENÇA

DIGITALIZAÇÃO E TRATAMENTO
DE IMAGENS
JORGE BASTOS/MOTIVO

RELICÁRIO PRODUÇÕES
DIOGO DAMASCENA
MARCELO RODRIGUES
PALOMA LIMA
BEATRIZ MARTINS
ANDRÉ SANTOS
RENATA MEGALE
SOFIA DINIZ
FELIPE CAMPOS
ZOÉ PASSOS

DADOS INTERNACIONAIS DE CATALOGAÇÃO NA PUBLICAÇÃO (CIP)
CÂMARA BRASILEIRA DO LIVRO, SP, BRASIL)

REIS, NANDO
PRÉ-SAL / NANDO REIS. – SÃO PAULO : EDITORA WMF MARTINS
FONTES, 2024.

ISBN 978-85-469-0499-0

1. ARTES 2. MEMÓRIAS 3. MÚSICA – LETRAS 4. REIS,
NANDO, 1963 – FRAGMENTOS I. TÍTULO.

23-182619   CDD-780.092

ÍNDICES PARA CATÁLOGO SISTEMÁTICO:
1. MÚSICA E ARTE : MEMÓRIAS 780.092
CIBELE MARIA DIAS – BIBLIOTECÁRIA – CRB-8/9427

ESTE LIVRO FOI COMPOSTO NA FONTE AKZIDENZ GROTESK
E IMPRESSO PELA GRÁFICA PLENA PRINT, EM PAPEL CHAMBRIL 120GM²,
PARA A EDITORA WMF MARTINS FONTES, EM JUNHO DE 2024.

TODOS OS DIREITOS DESTA EDIÇÃO
RESERVADOS À EDITORA
WMF MARTINS FONTES LTDA.
R. PROF. LAERTE RAMOS DE CARVALHO, 133
01325-030 – SÃO PAULO – SP – BRASIL
TEL. (11) 3293-8150
INFO@WMFMARTINSFONTES.COM.BR
WWW.WMFMARTINSFONTES.COM.BR